格差社会考

ブラジルの貧困問題から考える公正な社会

奥田若菜 著

Pensando a Sociedade e a Desigualdade

神田外語大学出版局

まえがき

20数年前にブラジルを初めて訪問したとき、多くの貧困者の存在に目を奪われました。日本とはあまりに異なる社会だと感じたからです。著しい格差を生み出した歴史や、格差によって規定される社会のあり方に関心を持ちました。それから今日まで、文化人類学の参与観察という調査方法で、路上で物を売る人びとと生活をともにしながら、断続的に調査研究を続けてきました。彼らから多くを学び、彼らの視点からブラジル社会を見ようと努めてきました。都市部の貧困層とともに暮らし、彼らの故郷である北部北東部を旅しました。ブラジルの路上商人たちと過ごした日々については、『貧困と連帯の人類学』（春風社、2017）と題した民族誌に記しました。

ブラジルは単に貧しいだけの社会ではありません。日本では経験したことのなかった桁違いの豊かさに触れたのもブラジルです。ブラジルで出会ったとても貧しい人びとと、とても豊かな人びとから、さまざまな刺激を受けてきました。

ブラジルの格差を考え続けるうちに目を向けることになったのが、私自身が生きる日本社会です。近年、日本の貧困の実態が少しずつ注目を集めるようになってきました。それでも、経済的に豊かで安定した社会だと思われている日本では、格差や貧困に関する理解が欠けているように感じます。貧困者の姿はブラジルでは可視的ですが、日本では見えにくくなっています。社会全体で、貧困の存在に気付かないふりをしているのかもしれません。私がブラジルの路上の貧困層を見て「日本にはない光景」と感じたように、ブラジルと日本の格差社会のあり方は異なっています。しかし、共通している部分もあります。ブラジルの貧困を考えることは、日本の貧困を考えることでもあります。

より良い社会を実現するためには、自分の目指す社会像を具体的に描き出す必要があります。そのためには、まずは格差や貧困についての理解を深めなければなりません。ブラジル社会は、私たちが生きる社会の格差や貧困を理解し、望ましい公正な社会へと思考をつなげるためのヒントとなるはずです。

２０２１年　春

奥田若菜

格差社会考■目次

ブラジル連邦共和国

República Federativa do Brasil

面積	851.2万平方キロメートル（日本の約23倍）
人口	約2億1000万人
首都	ブラジリア
言語	ポルトガル語
政体	連邦共和国（大統領制）
通貨	レアル

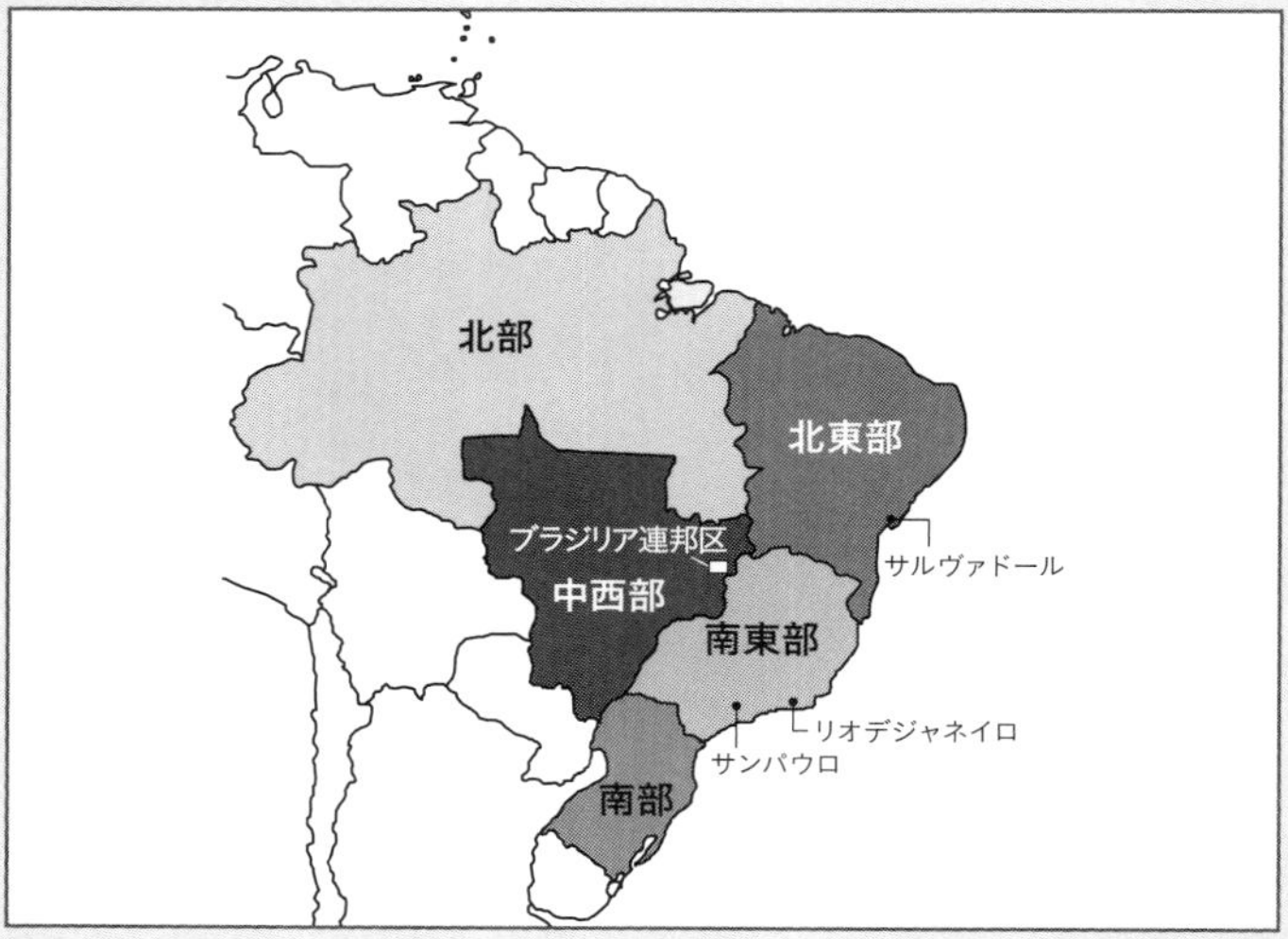

北部	アマゾン熱帯森林地帯があり、人口密度が最も低い地域。国内総生産に占める割合はわずか5％。平均所得は全国平均を大きく下回る。
北東部	植民地時代の街並みが残る海岸部は有数の観光地。内陸部はインフラ未整備の地域が多く、平均所得は全国平均を大きく下回る。
中西部	農業・畜産地帯であり、大湿原パンタナルが位置する。首都ブラジリアの平均所得は全国平均の約2倍近く。ほかの3つの州は全国平均並み。
南東部	大都市リオデジャネイロやサンパウロがあり、最も人口の多い地域。経済の中心だが、都市内部の格差は大きい。
南部	ヨーロッパ系移民が多く入植した地域。経済的に豊かで、平均所得が最も高い地域。

格差社会考

ブラジルの貧困問題から考える公正な社会

序

格差と貧困

この本は、格差と貧困を考えるための本です。格差が著しいブラジル社会のあり方を詳しく「解剖」しながら、世界の、そして私たちの生きる社会の格差や貧困を考えます。

格差や貧困は通常、何とかしなければならない「問題」として捉えられています。確かに今の世界には、格差・貧困が原因となって、人びとが苦しんでいる状況があります。問題を解決するため、さまざまな支援活動がなされています。では、なぜ格差や貧困はなかなか解決されないのでしょうか。そしてそもそも、格差のどういった側面が「悪いもの」「改善すべきもの」なのでしょうか。そして、貧困とはどういう状態を指すのでしょうか。まずは、格差とは何か、貧困とは何かについて立ち止まって考えてみる必要がありそうです。どの程度の格差が問題であるのか、貧困によって何が阻害されているのか、貧困者とは、そして富裕者とはどのような人びとで、どんな生活をしているのか。

その実態を知ったうえで、改善すべき具体的な事柄に対して具体的な対処をしていくことが大事です。

格差は、社会の成員（メンバー）のあいだに何らかの差があることを表します。一般的には、所得などの経済的な差異を指します。貧困は格差との関連でよく使われる言葉ですが、格差があれば必ず貧困もある、というわけではありません。社会の成員のあいだで格差のある国でも、成員のあいだの差は小さく、社会の下位に位置する人たちは貧困状態ではないという可能性があります。一方、資源が多く、経済活動も活発で国全体として豊かであっても、その富を社会の一部の人が独占しているために、他の人たちは貧困に苦しんでいる国もあるでしょう。格差のある所に必ず貧困あり、というわけではなく、また豊かな国に貧困者がいない、というわけでもありません。大事なのは富や資源、機会の「分配のあり方」なのです。

それでは、成員のあいだで平等に分配されていれば、問題はないのでしょうか。平等といっても「完全な平等」は望ましいわけではありませんし、また不可能です。平等を議論するときに考えなければならないのは「何の平等か」です。どのような点において平等か、ということです。たとえば、ある会社で全員の給与を同額にするとしましょう。給与の面では平等ですが、仕事の内容も、役職（責任の重さ）も、経験も、業績も違うにもかかわらず、同じ報酬が与えられていることになります。この点からいえば、給与を同額にすることは不平等といえます。何か1つ（給与）を平等にすると、その他の側面（責任の重さ、能力、成果、権利、機会など）は不平等になるのです。

私たちは既製品ではありませんので、一人ひとりの得意なことも違えば能力も違う、個性のある存在です。私たちの生きる社会では、ある程度の格差は起こりうるものです。格差が「問題」として捉えられるのは、低位にいる人びとの人権が脅かされるほどの不平等がある場合です。世界には、格差に起因する多くの問題があります。たとえばアメリカ合衆国の上位1％の男性と、下位1％の男性とでは、寿命に14歳も差があることが分かっています（Chancel 2019）。所得の差が保健医療へのアクセスの差につながり、結果として寿命にまで影響を与えています。このような不平等は、やはり許容できない、改善すべきだと考える人が多いでしょう。

すべての格差社会に貧困層が存在するわけではありません。しかし、格差と貧困はやはり強い関連があります。格差社会を理解するには貧困層がどのような人びとで、どのような生活を送っているか、まずは知る必要があります。貧困層といっても、中間層に近い不安定な層や極貧層もあり、暮らしぶりや抱えている困難はそれぞれ異なります。そのため、不安定層の生活改善に有効な政策と、極貧層に必要な政策は異なります。一方に有効な支援策が、もう一方にも有効とは限りません。だからこそ、実態に目を向けていく必要があるのです。

富裕層や中間層も議論の対象として、社会全体に視野を広げることも重要です。その社会の上位にいる人びとの実態を知ることで、社会構造の一端を理解することが可能になります。そして彼らがどのような考えを持っているのかを明らかにする必要があります。そのような人びとこそが、社会を動かす権力（政治力や経済力）を持ち、格差社会や貧困問題に対処する主体となる人びとだからです。貧困層のみならず中間層や富裕層を知ることによって、格差がどのように生じ、現代社会で維持されているかを理解することが可能になるのです。

格差と貧困の概念をより深く理解するため、本書では量的データ（統計など）や質的データ（現地でのインタビューなどの調査結果）を用いて、ブラジルをはじめとする世界の不平等の現状をみていきます。さらにブラジルの貧困層、中間層、富裕層の順で彼らの実態を明らかにしていきます。そして最後に、より公正な社会を思考するための手がかりを考えていきます。格差・貧困を考えるとき、学問によって異なるアプローチをとることがあります。経済学、政治哲学、開発援助論、文化人類学など、学問によって問題の捉え方や興味関心は異なります。しかし基礎的な知識がないまま学問的な軸足を定めるのは、難しいものです。まずは、格差・貧困を考えるための視点を知り、土台を固めていきましょう。

格差社会ブラジル

ブラジルでは貧困者の存在は可視的です。都市部ではファベーラと呼ばれる貧困地区に簡素な家がひしめき合っている様子が見えますし、ファベーラは高級住宅街と隣接していることも多いので、格差社会であることを実感できます。道端で質素な服を着た物乞いや、アスファルトの上で寝ている人びともよく見かけます。経済的に貧しいブラジル北部北東部の農村部では、電気やガス、上下水道が完備されていなかったり、主な現金収入が老齢年金のみという人びとに出会うことがあります。

貧困は所得などの経済面だけでなく、保健医療の面でも人びとの生活に深刻な影響を及ぼします。たとえば「口の中をみればブラジルの不平等がわかる」と指摘したのは人類学者ピニェイロ－マシャドです。貧困層のなかには、小さい頃に歯磨きの習慣を持たなかったり、家族で一本の歯ブラシを共有していたりと、歯の健康を維持する適切な方法を実践できなかった人びとも少なくありません。痛みを感じても高額な治療は受けられませんし、公的機関やNGOなどが提供する無料の歯科サービスが身近にあるとも限りません。歯の痛みを和らげる迷信を試したり、アルコールや塩を塗り込んだり、歯茎に自分で傷をつけて血や膿を出したりした挙句、最後には麻酔なしで自分で歯を抜くこともあります。歯がなかったり黒ずんでいたりする「貧しい」口腔内は、基本的な保健医療を受けられなかったことを示すものです。このように前歯を失った人びとは周囲にからかわれたり、痛さから精神的に落ち込んだり、自尊心を保てないこともあります。人前で笑うことをためらい、自信を持てずにいる人もいます。前歯がないことは人に気づかれやすいため、就職の際にも影響します。貧困によって生じた口腔ケアの格差は、その後の経済格差の維持にも関連しているのです。このように、経済的格差は保健医療をはじめ、教育や就労などさまざまな面に影響を与えています。

ピニェイロ－マシャドが歯の健康と格差の関係を調査したのは、彼女が教えているブラジルの大学生の言葉がきっかけでした。学生が歯の痛みを抱える門番（たいていは低所得者層の仕事です）の話を聞いて、「歯が痛いなんて。今時そんなことある？　いつの時代の話だよ」と言ったのです。小さい頃から定期的に歯科で健診を受けてきた裕福な大学生にとっては、歯の痛みで生活に支障が出ることなどは過去の話に思えて、想像もできなかったのです。実際にブラジルは歯科医の多い国ですので、歯科医師が不足しているわけではありません。ただ、医療を受けられる人が限定されているのです。歯の健康を維持する方法を知る機会（教育の機会）が限定的であったり、歯科が都市部に集中しているなどの問題があります。60代以上のブラジル人の4割は、すべての歯を失っています（IBGE, Pesquisa Nacional de Saúde 2013）。ある人びとにとっては当たり前の日常が、同じ社会でも別の人びとにとっては全く理解できないという、社会の分断があります。この差が、ブラジルの現実です。

ブラジルから世界の格差・貧困を考える

格差・貧困はブラジルなどの中進国や発展途上国だけの問題ではありません。先進諸国のデータを見ると、各国で格差が悪化している可能性が指摘されています。日本においても近年、子どもをはじめとして貧困が社会問題として知られるようになりました。日本国内で格差が広がっているのではないかという懸念が広がっています。実際に、先進諸国の平均貧困率よりも、日本の貧困率は高い状態にあります。

世界の不平等に関するデータ収集と分析を行っている世界不平等データベース（WID：World Inequality Database）によると、20世紀に貧困状況の改善に大きな進展があったものの、ここしばらくは改善のスピードは停滞しています。さらに、改善傾向にあった格差についても１９８０年代以降、上位10％の人びとの所得が、全体の所得に占める割合は上昇しつつあります。つまり、格差が再び広がっているのです。

本書で中心的に扱われるのはブラジルです。しかしブラジルの貧困や格差を考えるだけの本ではありません。ブラジルを事例に、世界や私たち自身が生きる日本社会を考えるための本です。いまある格差を放置することは、未来の社会でさらに格差が広がることを容認することにつながります。50年後、１００年後の社会、いいえ、より近い10年後の社会はどのようにあるべきか、考えていきましょう。

この本では、格差社会への理解が深まるように、できるだけ平易な文章で議論を進めています。と同時に、内容の面では格差社会を多角的にとらえられるように書いています。各章の終わりにはコラムをいれています。また本書の巻末には、より深く学びたい人へのおすすめ本やサイトを載せています。「格差・貧困とはなにか」という漠然とした問いが、この本を読むことで、より具体的な問いへと変わっていくことを願っています。

1 数字と歴史でみる格差社会

1 数字でみる世界の格差

「貧困」の測り方

まずは、貧困の定義や貧困者数の算出方法を考えてみましょう。この点を明確にしなければ、貧困解消のために行うべきことが見えてこないからです。では、どういう状況の人が貧困者に当てはまるのでしょうか。以前、公開講座で中学生に「『貧困』という言葉を説明してみてください」と質問をしたとき、「貧しくて困っていること」と答えてくれました。読んで字のごとくの定義なので、答えた本人も笑っていましたが、ある意味で核心をついています。特に「困っている」という部分です。貧困の定義には、当事者の主観も重要な要素だからです。

絶対的貧困・相対的貧困・社会的排除

貧困には、絶対的貧困、相対的貧困、社会的排除など、さまざまな側面があります。「貧困」とはどういう状態かという問いには、次のような定義が挙がります。

・所得が低く、衣食住がまかなえない状態である。
・平均より大幅に低い収入しか得られない状態である。
・1日1ドル以下で生活することである。
・生活に最低限必要な衣食住が満たせていない状態である。
・子どもが働かなくてはならないため学校に通えず、教育を受けられないことである。
・危険な場所に暮らさなければならず、衛生的な飲み水なども確保できない状態である。
・その社会のほかの人ができることが、自分にはできない／手に入らない状態である。
・収入が安定しないため、生活や将来に不安がある状態である。

貧困状態を示すこれらの定義は、おおまかに2つに分けることができます。1つめは「数値で判断するもの」、2つめが「社会的文脈で判断するもの」です。

「1日1ドル以下で生活する」とか、「所得が低く、衣食住が不足している状態」というのは、経済状況や所有物で判断する貧困です。このような客観的な数値を使った貧困は、絶対的貧困、もしくは経済的貧困と呼ばれます。一方で、「将来に不安がある状態」とか「ほかの人ができることが自分にはできない状態」は、当事者の主観も考慮し、周囲との比較によって判断する相対的な貧困です。この場合の「ほかの人」は、当事者が生きる社会の成員を指します。相対的貧困は当事者のいる社会的文脈から貧困を理解するため、社会的貧困とも呼ばれます。

まずは、絶対的貧困（経済的貧困）について詳しくみていきましょう。所得や所有物などから貧困かどうかを判断する絶対的貧困は、各国・各地域の比較をするときに使いやすい指標です。冷蔵庫やテレビなど、日本では必需品と考えられている物の所有率を国ごとに比較すれば、各国の経済状況や国家間の差を理解する一助となります。あとで説明するジニ係数は、1つの国（社会）のなかでの所得の差を測る指標ですので、不平等の度合いを知ることができます。これにより、一定量の富が、その社会の中でどのように分配されているのかがわかります。また、特定の所有物の所持率を時代ごとに比較することで経済状況の歴史的推移を知ることもできます。たとえば、冷蔵庫やテレビがどの程度、どの時代に普及し始めたか、家にトイレがあるか、上下水道設備があるかどうかで、時代ごとの衛生水準を知ることもできるでしょう。

ただ、所得や所有物だけでは、貧困の実態を正確に理解することはできません。時代や社会によって何が欠かせない物かという基本的に必要な物の具体的内容は異なるためです。たとえば、現代の日本で、小中学校に通っている子どもの親が経済的困窮によって給食費を払えないとか、修学旅行の積み立てができずに参加をあきらめざるを得ないという場合は、貧困状態にあると判断されることになるでしょう。しかしながら、学校教育制度が整備されていない国・地域においては、小中学校に毎日通えることは恵まれていると判断されるかもしれません。日本で義務教育が9年（小学校6年、中学校3年）となったのは1947年のことでした。すべての就学期の子どもが義務教育を修了するという現在の「当たり前」は、それほど長く続いているものではありません。

時代によって、何が必需品で何が贅沢品かも変わっていきます。日本で1995年頃から普及し始めた携帯電話は、2001年に固定電話の契約数を上回りました。普及し始めた頃はある種の贅沢品であった携帯電話ですが、いまは働く世代にとっても必需品となっています。携帯電話を持っていないため連絡が付きにくければ、アルバイトに採用されづらくなります。日雇いの派遣業務も、携帯電話を通じた連絡が不可欠となっています（早朝、ドヤ街に足を運び、手配師からその日の仕事を請けて現場に行く、という方法は過去のものになりつつあります）。日本社会においては職を得るために欠かせない携帯電話ですが、いまも一部の人のみが所有する贅沢品である国や地域もあります。

統計上で貧困者と判断された人の中には、自分を貧困だと思っていない人もあります。逆に、統計上は貧困区分に入らなかった人のなかに、自身を貧困者として捉えている人がいるかもしれません。経済的指標で判断する「貧困」と、当事者の認識に齟齬があるのです。極端な例でいえば、狩猟採集を行うのに十分な環境が整っている場では、欠乏しているのは現金だけです。生きていくために必要な食料や住居はあるため、「貧しくもなければ困ってもいない」ということもありうるのです。ブラジル北東部の農村に暮らす年配の男性はこう述べていました。

「ここには何でもあります。水は近くの川から汲んでくるし、作物の収穫にも困っていません。親せきや友人も近くにいて、夜は集まって長々と話をするのが何より楽しい。テレビは近所の家にしかないけど、その一台のテレビを見るためにみんなが集まります。お金だけは足りないけど、自分は満足して生きています。」

彼は貧困者なのでしょうか。彼の生活に「解決すべき問題」はあるのでしょうか。

別の例で考えてみましょう。インディオと呼ばれるブラジル先住民は、1500年にポルトガル人が到着する以前から南米大陸に居住していました。当時、狩猟採集民であった彼らは少ない所有物で暮らしていました。では何も所有していなかった彼らは「貧しくて困って」いたのでしょうか。彼らが持たなかったのは、持つ必要がなかったからです。食べ物は、自然の貯蔵庫である森から必要なときに入手することができました。寝る場所は、必要に応じて木の枝や葉を利用して作りました。所有、つまり何かを自分の手元に「私の物」として確保しておくことは、彼らの生活スタイルのなかでは重要ではなかったのです。森や土地を含め、自然界のものに所有者を決めるというルールは彼らにはありませんでした。その後の歴史において、ブラジルの先住民は時に強いられる形で定住を始めました。広い森を自由に移動して生活の糧を得ることは、さまざまな理由から困難になりました。現在、保護区で生活する先住民は、住居や衣類、生活用品など、以前よりも多くの物を所有しています。では彼らは以前より豊かになったのでしょうか。近年の先住民コミュニティでは、ブラジル社会全体よりも大幅に高い自殺率が問題になっています。伝統的な生業をやめた人びとは独自の文化や言語の継承がうまくいかず、先住民としての「自分たちらしさ」がわかりにくくなってきています。保護区の外では、差別や偏見に苦しむこともあります。教育が不十分であるため、就職にも困難が付きまといます。現在のブラジル社会のなかで、先住民は社会の下層に位置づけられていることを強く認識することになり、アルコール依存症や薬物売買、自殺など、さまざまな問題を抱えています。所有物は増えても、豊かになったとは実感できないでしょう。このように、所得や所有物の意味合い（価値）は、社会的文脈の中で判断されるものです。貧困は、その人たちが生きる社会のなかで考える必要があるのです。

経済的指標の限界を考慮したうえで重視されているのが、相対的貧困（社会的貧困）です。相対的貧困の考え方では、その社会において何が必需品かという点、そして人びとが何を貧困と捉えているかという貧困に対する認識、そして当事者の主観が重要となります。先のブラジル北東部男性や先住民の例も、相対的貧困から考えると、違った意味合いを持ちます。絶対的貧困が数値、つまり当事者の認識に関係なく外部から貧困を規定していたのに対して、相対的貧困は、当事者やその周囲の認識、主観も考慮して貧困を規定するものです。

社会的排除という言葉も、貧困対策の用語として1980年代頃から用いられています。ジョック・ヤングは『排除型社会』という本のなかで、不平等よりも、排除されている状態を問題視しています。「社会的排除で扱われる問題は、通常の成員と周囲に追いやられている人びととの社会内での格差（内外）の問題である。そこには（中略）社会分断のリスクがある」といいます。深刻な不平等は、社会階層の上層と下層という（同じ社会内の）上下の問題ではなく、社会とそこから排除された人びとという内外の問題だということです。私たちの生きる資本主義の社会は「たくさん消費しましょう、消費は楽しく幸福です」とアピールする消費推奨社会です。人びとが物を作り消費するからこそ、経済が回ります。貧困者は、この社会の購入・消費ゲームから外れています。この意味で、消費社会である先進国のほうが、お金の有無で排除を感じやすいことになります。

これまで見てきた貧困の例は慢性的貧困と呼べるものですが、貧困を考えるとき、もう一つ考慮すべき点があります。それが一時的貧困です。たとえば、先ほどのブラジル北東部の男性は、自分の畑を持ち、自給自足に近い生活をしているうちは、都市部ほどはお金の不足によって悩まされることはありません。しかし、問題は定期的に北東部を襲う旱魃です。一時的貧困とは、気候の変化や災害などによって、それまでの生活水準が保てなくなり、貧困状態に陥ることを指します。男性は現在の自身の生活が貧困であるという認識はないものの、旱魃が起これば貧困に陥る可能性が高くなります（このような貧困の陥りやすさ、脆弱性《ぜいじゃく》は、世界食糧計画ＷＦＰが公表しているＶＡＭという指標で測ることができます）。

世界における富の分配

貧困問題は、富の不平等な分配としての格差とともによく論じられます。著しい格差や貧困はおもに、途上国の問題として考えられてきました。特に20世紀は、発展途上国の経済成長と所得不平等の解消が議論の中心でした。この20年ほどで、関連の書籍が世界的なベストセラーになるなど、所得や富の分配とその公平性に対する関心が強まっています。途上国の国内の状況だけでなく、世界全体の不平等を歴史的視点から理解する研究も進んでいます。

世界不平等データベースの調査チームによると、19世紀に高かった不平等率は、20世紀に入ってから徐々に改善し下がりました。多くの貧困者の生活の質は向上しており、その意味で貧困問題は改善したといえます。しかし、現在、再び不平等率は上昇に転じ、より不平等になってきたと指摘されています。１９８０年代以降、経済成長による利益や恩恵を受けたのは主に上位グループでした。経済が成長しても、その恩恵を不利な立場にいる人びとが受けられないのであれば、格差は広がります。

2008年の金融危機では、上位グループも経済的打撃を受けたものの回復し、その後、彼らの所得の割合（全体の所得に占める割合）は増えています。一方で、下位グループはいまだに金融危機前の水準を回復できていません。つまり、一部の富裕層はさらに富み、不平等な社会は続いているのです。国連開発計画の報告書では、1990年代から人間開発（保健、教育、所得の3つの側面において、人びとの選択肢が広がることを指します）は目覚ましい成果があり、寿命は延び、学校に通う子どもは増え、より多くの人が基本的な社会サービスを享受できるようになった一方で、この改善がすべての人に均等にいきわたったわけではないと指摘しています。

1980年代、アメリカ合衆国とヨーロッパはともに上位1％の人びとが、全体所得の10％を占めていました。しかし近年、アメリカ合衆国では上位1％が全体所得の20％を得ているのに対し、ヨーロッパでは12％です。さらにみていくと、アメリカ合衆国では上位0・1％の人びとが1980年代のはじめには全体所得の7％を占めていましたが、現在は20％まで上昇しています。アメリカ合衆国で特に、不平等が加速していることがわかります。日本では、上位1％の人びとは、1930年代までは全体所得の18％前後を占めていました。戦後すぐの1945年に6％まで下がったあとは、およそ10％前後で推移しています。

今後の世界の不平等はどうなっていくのでしょう。世界不平等データベースでは、上位1％や上位0・1％の「超富裕層」が全体所得に占める割合は上昇していく一方で、中間層である40％の占有率は下がり、両者の差は広がっていくと予測しています。

社会の不平等について考えるとき、「不平等の大きさ（度合い）」だけでなく、「不平等の流動性（mobility）」も重要なポイントとなります。流動性とは、個人が上か下の階層に移動する可能性です。流動性が高い社会では、貧困層に生まれても中間層へと移動できる可能性が高く、流動性が低い社会では、その可能性が低くなります。身分制社会のように「貴族は貴族のまま、奴隷は奴隷のまま」の社会は流動性の著しく低い社会で、階層が固定された社会」です。不平等を考えるときに社会的流動性に注目するのは、「不平等の度合いが大きく、不平等の度合いが大きく、固定的な社会」とでは、不平等の持つ深刻さの度合いは異なるからです（吉田 2011）。

流動性には、世代間流動性と世代内流動性があります。前者は、親世代、子世代、孫世代が徐々に生活の質や教育水準を上げていくというものです。小学校に通えなかった親世代に対して、子ども世代は義務教育を受けられる経済状況になり、さらに孫世代は高等教育を受けることができ、それに伴い生活の水準もよくなっていくというイメージです。それに対して後者、世代内流動性は、一個人の人生のなかで社会階層の上位へと移動することができるというものです。つまり、貧しい家庭に生まれたとしても、大人になって経済的・社会的な上位グループの一員になるという例が挙げられます。「努力によって富裕層になれる」とか、「貧困層でも成功をつかめる」かどうか、それを流動性で測ることができます。一般的に、不平等の度合いが低い社会では流動性は確保されます。反対に、不平等の度合いが非常に高い社会では、流動性は低くなります。「不平等の度合いが大きいけど、流動的な社会」というのは現実には難しく、不平等の度合いが大きいと流動性も低くなります。不平等の度合いが悪化すればするほど、「頑張っても報われない」、「金持ち（貧困者）に生まれたらずっとそのまま」の社会になっていきます。

2 ≫ ブラジル社会を解剖する

ブラジルは著しい格差がある社会として知られています。しかし、決して内戦の続く国でもなければ、独裁者の長期政権が続く国でもありません。１９８５年に軍事政権が終わり再民主化されて以降、選挙制度の再整備を行い、堅実な憲法をもつ法治国家かつ民主主義の国となりました。１９９０年代には高いインフレをコントロールし、経済的にも安定化を目指してきました。日本の23倍もの広大な領土を持ち、石油や農作物などの資源にも恵まれています。ＧＤＰ国内総生産では２００６年以降、世界のトップ10に入っています。つまり、政情不安定な国でもなければ、貧しい国でもありません。にもかかわらず、お金持ちと貧しい人の差が激しく、世界有数の格差社会と呼ばれています。このブラジルをさまざまな側面から理解していくことで、より広く、格差や貧困を考えるためのツールを手に入れていきましょう。

格差社会をどう分けるか ―― A層・B層・C層・D層・E層

まずは貧困層、中間層、富裕層などにあたる用語を確認していきましょう。ブラジルの格差を論じるさいに使われる分類方法はいくつかあります。まずブラジル社会を3つに分ける場合は、富裕層、中間層、貧困層になります。社会をおおまかに3分割するこれらの言葉は、ブラジル人の日常会話でも使われます。

所得に応じて5段階に区分する方法は、ブラジル地理統計院（IBGE）が定義しています。最も所得の高いA層から最も低いE層に分ける基準として使われているのは、法定最低賃金です。ブラジルで最低賃金（*SM＝salário mínimo*）という場合、（日本のような時給ではなく）月給を指します。「2最低賃金」であれば、1カ月の所得が法定最低賃金の2倍という意味になります。法定最低賃金の額は頻繁に改定されますので、（具体的な金額で示すよりも）最低賃金の何倍というこの指標を使うほうが便利です。IBGEは国勢調査を実施するほか、教育やインフラ設備、保健衛生なども含めてさまざまな調査を行い、統計を取って公表しています。メディアや学術研究でもこのデータが用いられるため、IBGEの5段階の分類はよく知られています。5段階よりもさらに細かく、分ける方法として上位3つの層（A層、B層、C層）をそれぞれ2つに分け、合計8段階とする方法もあります（表1）。A層、B層、C層はそれぞれの内部で大きな差があるためです。

IBGEでは、調査によってはさらに細かい区分を使うことがあります。たとえば、AからKの11

区分			所得（月額最低賃金）
A層	A 1 *Alta classe alta*	最富裕層	20最低賃金以上
	A 2 *Baixa classe alta*	富裕層	
B層	B 1 *Alta classe média*	中間層上層	10最低賃金から20最低賃金まで
	B 2 *Média classe média*	中間層中間	
C層	C 1 *Baixa classe média*	中間層下層	4最低賃金から10最低賃金まで
	C 2 *Vulnerável*	不安定層	
D層	D *Pobre, mas não extremamente pobre*	貧困層	2最低賃金から4最低賃金まで
E層	E *Extremamente pobre*	極貧層	2最低賃金以下

表 1

段階に分ける方法です。また、単に「社会の上位〇％」というように数値で具体的な範囲を示すこともあります。階層の分類には複数の方法がありますので、ブラジルの格差を論じる文献を読むときは注意が必要です。

分類の指標としては所得だけでなく、世帯主の学歴や、自家用車や食器洗い機などの所有物、家政婦サービスの利用の有無が考慮されることもあります。所有物で経済状態を測ることに関して、1つ留意すべきことがあります。貧困地域で調査をしていると、訪問した家に想像以上に多くの所有物

（テレビや冷蔵庫、ＤＶＤプレーヤーなど）があって驚くことがあります。事前に聞いていた窮状とは異なっているからです。しかし、これらの所有物が家の中にあるからといって、困窮していないと判断することはできません。そういった家に何度も通ううちに、いくつかの家電は故障していて、修理する経済的余裕がないため使用していないとわかることもよくあります。家電を所有してはいるものの、利用はできていないのです。また入手方法として、家政婦として働いている雇用主から中古を譲り受けたというケースもよくあります。中間層・富裕層の家電の使用状況や入手方法とは違っています。正確に経済状況を把握するには、家財道具を所有しているかどうかだけでなく、利用状況や入手方法も考慮し、総合的に見ていく必要があります。ただ、それは実際には統計に現れにくい部分です。

それでは次に、ブラジルの近年の変化と現状を、具体的な数値とともにみていきましょう。

数字でみる格差社会ブラジル

１９８０年代以降、アメリカや中国、インド、ロシア、そしてヨーロッパの各国で、不平等が再び拡大しつつあると言われています。こうした全体の傾向のなかで、例外的に「変化なし」となっているのが、中東のいくつかの国とブラジルです。もともと不平等の傾向が高く、その傾向が変化していないためです。ブラジルのように、上位１％の人びとにこれほど所得が集中する民主主義国家はほかにはありません。上位1%の人びとが所得全体に占める割合は、世界の平均が約20%なのに対して、ブラジルは28%となっています。上位1%が、ブラジル所得全体の約3割を占めていることになります。上位10%で所得全体の55%を占めています。下位50%の人びとは、所得全体の10数%を分け合っています。この状況は過去20年間、あまり変わっていません（WID. World 2018）。

社会の不平等の度合いはどうでしょうか。ジニ係数は不平等の度合いを測るもので、0に近づくほど平等で、1に近づくほど不平等を表します。日本はおよそ0・3で推移しています。ブラジルは0・62（2019年）となっており、世界各国のなかで、ワーストのグループに入っています。

ブラジルは2000年代に、貧困層の割合や貧困の程度が改善しました。その要因の1つとして挙げられるのが、ボルサ・ファミリア（*Bolsa Família*）や、継続扶助（BPC：*Benefício de Prestação Continuada*）などの社会保障制度の充実です。ボルサ・ファミリアは低所得者対象の条件付き現金給付制度です（条件付き所得移転プログラムの一種です）。給付を受けるためのさまざまな条件があり、そのうちの1つが子どもの就学です。学校の出席率が下がると給付を受けられなくなるので、子どもの就学率の向上にも役立っています。BPCは低所得もしくは勤労できない高齢者と障害者を対象とした給付金です。2000年代に不平等に多少の改善があったのは、このような社会保障だけでなく、経済や労働市場の好転も要因の1つです。この時期に数千万人が新中間層になったと言われています。それにより、貧困層が減り、中間層が厚くなりました。

しかしながら、２０１０年代なかば以降、景気が悪化したことで、一度は貧困層から抜け出した人びとが再び貧困層に戻っています。この現象を「回転ドア」に喩えた研究者もいました。いったん、回転ドアの中に入りかけて中間層の景色を垣間見たものの、すぐにドアの回転とともに元いた場所へと押し戻されてしまったというわけです。貧困層が増えただけでなく、一度は改善しつつあった極貧層の割合も悪化しています。２０１４年以降の経済危機で所得を失い打撃を受けたのはもともと所得の低い層でした。また中間層の所得もこの時期に減少しています。

では、富裕層はどうだったかというと、人口の上位10％の所得はむしろ上昇しています。特に、上位１％への所得の集中度は上がっており、経済危機が「ブラジル社会全体に平等に」打撃を与えるわけではないことがわかります。また、好景気のときに社会全体が同じように恩恵を受けるわけではないことは、これまでの数々の研究で明らかになっています。経済だけでなく、病気も特に貧困層に深刻な影響を及ぼします。２０１５年以降にブラジルで広がった新しい感染症ジカ熱も、社会全体に同じように流行したわけではありませんでした。貧しい地域の人びとが、特に大きな被害を受けたのです。

国際貧困ラインという世界銀行が用いる指標があります。このライン以下であれば極度の貧困層として定義されます。２００８年以降、世界銀行は１・25米ドル以下（１日あたり）を国際貧困ラインとしてきましたが、２０１５年10月に１・90米ドル以下（１日あたり）に改定しました。世界人口の約10%がこの基準以下、つまり極度の貧困状態にあるといわれています。この30年ほど、極貧状態の人びとは減少傾向にあります。この国際貧困ラインを用いて2018年のデータをみると、ブラジル人口の約6%が極貧ラインより下の生活をしています（1・90米ドル以下という基準以外に、特に高中所得国に対しては、3・20米ドル、もしくは5・50米ドルを貧困ラインとして設定することもあります）。

人間開発指数は保健、教育、所得の3つの側面から測る指標で、経済成長だけではなく、人間や人間の選択肢の程度を重視しています。衛生状態が悪いために生後間もなく死んだり、教育を受けられないなど、自分の持っている能力を発揮できるか否かをみる指標です。人間開発指数では、ブラジルは189か国中79位です。国連開発計画が発表するもう1つの指数、ジェンダー不平等指数GIIでは、162か国中89位となっています（UNDP 2019）。

＊

ここまで世界とブラジルの不平等の現状を数値の面からみてきました。数値は毎年、あるいは数年ごとに更新されます。同じ年の各国の数値を比較したり、1つの国の数十年の推移をみることで、傾向が理解できるようになります。

不平等や貧困を改善するためにできること考えるときに必要なことは、ここまでみてきたような詳細な分類を用いて具体的に議論することです。（ブラジル地理統計院が用いる8分類の）C2層（不安定層）の生活水準を改善するための方法と、E層（極貧層）の生活水準を改善するために有効な方法は異なります。すでにある程度の生活基盤を持っている層が安定的に生活を維持するための政策が、E層にも有効かというとそうでないこともあります。貧困問題の改善に尽力したいのであれば、まずはどの層をターゲットにするのか、その層の生活実態はどのようなものなのかを把握する必要があります。経済危機や好景気が、各層に同じように影響を及ぼすわけではないのと同様、支援もそれぞれの層にあったものが必要になります。

3 ≫ブラジルの歴史から格差の構造を考える

現代ブラジル社会を理解するため、歴史をたどっていきましょう。ブラジルが国家として成立する以前、その土地には先住民が住んでいました。その後、ヨーロッパ人が到着し、ポルトガルの植民地となります。黒人奴隷としてアフリカから来た人びと、ヨーロッパやアジアからの移民が移り住み、いまのブラジル社会を形成してきました。ブラジルという国家としてポルトガルから独立してから、一時期、軍政になったこともありますが、現在は民主主義の国です。

奴隷・移民

ブラジルにポルトガル人が到着したのは1500年のことでした。南米大陸を新たな居住地にすることを目的としていたのではなく、そこで得た富を本国にもたらすことが目的でした。当時のブラジル（まだ国としては成立していません）に期待されていたのは、ポルトガルへの経済貢献でした。本国の利益のために存在する開発型の植民地は、わずかな数の裕福な白人が大土地を所有し、単一栽培（モノカルチャー）のための労働を奴隷（先住民や黒人）に強制する社会です。大土地所有制、単一栽培、奴隷制が経済の3大要素でした。単一栽培で作るのは、本国と競合しない商品です。17世紀は砂糖生産、18世紀は金とダイヤの採掘、19世紀はコーヒー栽培の時代でした。植民地にいる人びとが新たな思想を学んで脱植民地化運動を始めることがないよう、印刷や出版、書物の流通は大きく制限されていました。

17世紀の砂糖プランテーションの時代、労働力の中心は先住民奴隷でした。先住民を武力で脅して奴隷としてプランテーションでの労働を強制していました。先住民を捕まえて売り渡す、いわゆる先住民奴隷狩りを職業とする人もいました。奴隷狩りが最も激しかったのが1540年から1600年頃といわれています。

その後、先住民からの反発もあり、社会に混乱が生じていきました。それを受けて、ポルトガル王室がブラジル植民地に中央集権的総督制を導入しました。そのとき総督府が置かれていたのがバイア州サルヴァドールなので、その意味でサルヴァドールがブラジル初の首都ともいえます。

先住民を奴隷とすることに反対していたのがイエズス会でした。教化村アルデイアを作り、先住民を対象に布教していきます。ポルトガル人と同じ宗教を信仰するようになった先住民を奴隷にすることは許されないとし、1570年、イエズス会はポルトガル皇室に「インディオ奴隷化禁止法」を要請しました。この頃から、ポルトガルはアフリカに貿易拠点を移し、アフリカからの黒人奴隷貿易を本格化させていきました。アフリカからブラジルに輸送される段階で多くの人が命を落としました。さらに、過酷な労働のため、ブラジル到着後の寿命は短かったともいわれています。

18世紀の金とダイヤの時代には、労働力のほとんどはアフリカからの黒人奴隷となっていました。北東部のレシフェやサルヴァドールといった都市が主な輸入港でした。いまもこの地域は、ブラジルのほかの地域と比べて黒人が多く暮らしています。黒人奴隷は、「商品」として貿易業者に利益を生み出すとともに、奴隷労働することによって植民地の支配階級を支える存在でした。

金の大規模な採掘が行われるようになった1720年代には、経済危機が始まっていた本国ポルトガルからも移民が来るようになりました。金の採掘によって財を貯めることができた一部の奴隷は、「解放奴隷（自由有色人）」となるチャンスもありました。金貿易で得られた利潤により、経済的に潤って都市が発展していきます。これにより、白人主人と黒人奴隷以外の中間層が形成されていきました。彼らが政治的自立運動の担い手となっていきます。1770年代には、金の産出量は落ち込んできましたが、ダイヤが発見され、再び経済的利益を生み出していきました。

19世紀のコーヒーの時代、労働力は黒人奴隷からヨーロッパや日本からの移民へと変わっていきました。移民たちはおもにリオデジャネイロの港に到着しました。リオデジャネイロだけでなくサンパウロでも、コーヒープランテーションが拡大します。1830年代にはコーヒーは輸出額の約半分を占めるまでになります。

貧困の社会問題化

本国に経済的に貢献することを求められてきた植民地ブラジルは、労働力として先住民、黒人を奴隷としました。主人と奴隷という、格差のはっきりした社会です。奴隷制のある社会では格差があることは当然のことなので、そのことが問題視されることはありませんでした。1850年には奴隷貿易が廃止され、1871年には、奴隷の母親から生まれた子どもが条件付きで解放されることを定めた「リオ・ブランコ法」も公布されました。1888年には全面的に奴隷が解放されました。奴隷制が廃止される以前から、一部の黒人奴隷は解放奴隷となっていましたが、解放されたとはいえ、奴隷は移民とともにプランテーションで低賃金で働いていました。教育を受ける機会がなかった元奴隷たちは、それまでとほとんど同じ境遇で社会の下位に留め置かれたのです。

大きな社会的不平等が解消されることがないまま、ブラジル社会は発展を続けてきました。一部の豊かな人びとと、大多数の雇用される貧しい人びとという社会構造が現代のブラジル社会の基盤となっています。

コラム　変動する信仰

ブラジルは最大のカトリック国です。しかし、1970年代に人口の9割を占めていたカトリック信者は徐々に減少し、現在はおよそ5割強です。代わりに信者数を伸ばしてきているのがプロテスタントです。1970年代は5％ほどだった信者数は、現在、人口の約3割となっています。日本では「キリスト教」とまとめてしまうこともありますが、ブラジルでは明確に分けて考えます。ちなみに、「無宗教」と「無神論者」も、特にブラジル人にとっては意味が大きく異なります。「無宗教」は、特定の宗教は持たないものの神（超自然的存在）は信じています。特定の宗教を持たず、神の存在も信じないのが「無神論者」です。信心深いブラジル人のなかには「前者はよいが後者は認められない」という人もいます。プロテスタントであるブラジル人は「僕はチェ・ゲバラを尊敬していたけど、彼が無神論者だと知ったときに、僕の中で彼は死んだ」とまで話していました。

プロテスタントのうち、約3分の2がペンテコステ派です。1960年代、職と生活水準の向上を求めた多くの人びとが、北東部などの農村部から都市部へ移住しました。移住の加速により、ブラジルではこの時期に都市化が進みました。それと同時に都市部の貧困層のあいだで急激に広がっていったのがペンテコステ派です。現在でも北部北東部の農村部などから移住する人は多くいます。そうした人びとは、故郷での家族と友人に囲まれたネットワークから一人、切り離されて都市に来ることになります。経済的にも苦しいなかで支えとなってくれるのが教会です。私が都市部で調査したペンテコステ派信者の大半が「故郷ではカトリック信者だった」と答えています。「以前は名ばかりカトリックだった。生まれてすぐに洗礼を受けたから、自分で選んでなったわけじゃない。故郷では教会にもそれほど熱心に足を運んでいなかった。こっちに来てから、今の教会の人びとに出会って、自分で決めて改宗した」というのがよくある経緯です。都市部でアルコールや薬物に手を染めた後、ペンテコステ派の運営するリハビリ施設に入り、そこで「本当の意味での神を知った」から改宗した、という人もいます。ペンテコステ派信者の急伸を担ったのが貧困層で、プロテスタントの非ペンテコステ派信者よりも、経済レベルや教育水準が低い人びとです。経済レベルは低いものの、カトリック信者やプロテスタントの非ペンテコステ派よりも教会に通う割合が高く（Bohn 2004）、教会への寄進額も高い傾向があります。年々ペンテコステ派の影響力は増しており、近年では、選挙での大きな票田としても注目されています。代表的なペンテコステ派の教会がユニバーサル教会やアセンブリー・オブ・ゴッド教会で、近年では日本のブラジル人集住地でもよくみかけます。

カトリックはいまもマジョリティで、貧困地区ではカトリック教会を中心に貧困層が互いに援助しあう活動もあります。薬物やアルコールのリハビリ施設のほか、学童保育や老人ホームなど、さまざまな宗教団体が運営している福祉サービスが多くあります。

＊

ブラジルにはほかにもさまざまな宗教があります。カンドンブレ（*Candomblé*）やウンバンダ（*Umbanda*）は、アフリカから来た人びとにルーツをもつアフロ・ブラジリアン宗教で、アフリカ系憑依宗教とカトリックが混淆したものです。これらの儀礼では憑依儀礼があったり供犠を行うため、カトリックやプロテスタントの信者からは警戒されることもあります。エスピリティズモ（*Espiritismo*）は日本語では心霊主義と訳されます。信者には高所得層が多く、輪廻転生、霊的進化のための慈善活動の励行が特徴です。

日系宗教も日本人移民によってブラジルに伝えられ定着しています。１９０８年の日本人の移住開始以降、仏教、神道のほか、天理教、生長の家、ＰＬ教団、創価学会、幸福の科学などの新宗教もブラジルで布教を行っています。第２次世界大戦後に非日系にも積極的に布教し、信者数を増やしていきました。

ブラジルの憲法では信仰の自由のほか、信仰を持たない自由も保障されています。国勢調査で

Column

「無宗教」と答える人の割合が徐々に増加しており、人口の1割にまでになりました。特に若者のあいだで増えています。特定の宗教への帰属が日常生活の一部としてあり、時に政治判断とも結びついてきたブラジルにおいて、新たな動きといえます。

2 格差社会における貧困の責任論

1 「貧困者への批判」の歴史

社会になぜ貧困があるのか、そしてその責任は誰にあるのか。この2つは長く議論がなされてきました。格差や貧困の原因をさぐる議論は、大きく2つに分けられます。1つは「貧困者個人に責任がある」というもの、もう1つは「社会に責任がある」というものです。前者は貧困層の集団的な文化や行動に原因を求めるもので、貧困者に対する道徳的非難に結び付く傾向があります。たとえば「無力感や劣等感、依存、疎外感などを持つ人が貧困に陥る」というように貧困者の性格や行動にその原因を求める主張もあります。これに対する反論として、そのような性格や行動は貧困の原因ではなく、逆に貧困が原因となってもたらされたものだ、という主張もあります。つまり、貧困の原因なのではなく、貧困の結果なのではないか、というものです。また、貧困研究者のスピッカーは、貧困者が有しているように見える特徴は経済的余裕の欠乏によって生じる一時的な状態であると指摘しています。

「社会に責任がある」とする議論には「資源論的説明」、「構造論的説明」、「機関論的説明」があります。資源論的説明とは、この世界にはそもそもすべての人びとを支えるのに十分な資源はないため、必然的に一定数の人びとは貧困に陥る、というものです。こういった議論が支持されていたこともありますが、現在は否定されています。飢餓に苦しむ人びとがいる一方で、食品ロスが問題になる社会もあります。全体量が足りないから飢餓があるのではなく、分配の不具合の問題と考えるほうが自然でしょう。2つめの構造論的説明をみてみましょう。人はさまざまな面で平等ではありません。階級、人種、ジェンダーなどで、本人の努力とは関係のない事柄によって差別されたり不利益をこうむったりすることがあります。たとえば、白人男性は昇進のペースが早く、黒人女性は就職面接で不利である、という状況が挙げられます。こうした社会の仕組みや社会関係が、著しい不平等や貧困を生んでいるという議論です。機関論的説明とは、貧困問題に対処すべき機関がきちんと対処していないことを指摘するものです。貧困に対して有効な政策を打ち出していない政府や、利益を労働者に十分に還元していない大企業などが、貧困の解決の妨げとなっていると考えます。また、先進国が発展途上国に行う援助に関して、援助機関の活動が貧困解決に必ずしも効果的ではないという批判も、この機関論的説明にあたります。これら3つの原因論は、不平等や貧困を継続させている責任を社会に帰すものです。

貧困者への批判は、世界各地で時代ごとに形を変えつつ続いてきました。個人に責任があるとする議論には、日本で近年みられる自己責任論や、後に述べるアメリカのアンダークラス論やイギリスのチャヴ批判などがあります。アメリカ合衆国とイギリスは、OECD諸国の中で、経済的な流動性が低い2か国です。経済的流動性が低く、親の所得が生涯にわたって子どもの経済的地位を決定する国です。貧困の責任は個人にあるという議論は、貧困者への道徳的非難にも結びついていきます。

日本の自己責任論

日本で格差は広がっているかどうか、この点は研究者によって見解が分かれています。日本社会は戦前、生まれた家の社会経済的状況により、子どもの人生（学歴・職業・所得など）が決まる社会でしたが、60年代後半から80年代前半まで社会的流動性が高まりつつあったと考えられます。つまり、世代間の閉鎖性（たとえば、親が専門・管理層であれば、子どもも同様の職に就くことを指します）が弱まり、「努力が報われる社会」へとなっていきました。「一億総中流社会」というイメージが定着した時代です。しかし80年代後半から、世代間の閉鎖性が高まり、親の職業や学歴によって、子どもの成長後の生活水準が決まる傾向が強くなっています（佐藤 2000）。上層ホワイト階層の再生産

（継承の度合い）が１９９０年代以降、高まっているという主張もあります（石田 2005）。いつごろから階層の固定化が始まったかという点で見解にズレはあるものの、日本では社会的流動性は弱まっていると考えられています。

富裕層の閉鎖性も指摘されています。日本社会で生じているのは、貧困の連鎖よりも富裕の連鎖だという議論です。階層の流動化はあるものの、上層ホワイト階層は固定化しています。そういった層は保護的な制度に守られています。その他、中流階層は下方への流動性に巻き込まれており、格差が広がっていきます。不平等が改善しているという有力な研究はなく、雇用形態の非正規化が進み、不安定な職に就いている人の割合が増加していることは確かです。

日本の貧困問題で重要な点は、貧困に苦しんでいる人たちが存在するにもかかわらず、日本人の多くはその事実に気づいていないということです。相対的貧困率（貧困線以下の世帯員の割合）はこの20年ほど、15％前後で推移しています。この貧困線とは、おおまかにいえば、手取り収入の中央値の半分で、約１２０万から１３０万円です。詳しいデータは厚生労働省の「国民生活基礎調査」でみることができます（貧困率の調査は3年に1度実施されています）。ひとり親世帯の貧困率は50％超で推移しています。しかし、日本の貧困率を予測してもらうと、ほとんどの人が実際の数値よりも低く回答します。

貧困者の支援活動をしている社会活動家は、日本はセーフティネット不全であり、貧困者は五重の排除に苦しんでいると指摘しています。そのうちの4つは、教育課程からの排除（学校の中退や進学の断念）、企業福祉からの排除（正規職に就けないことにより十分な収入を得られないだけでなく、関連する福利厚生や失業時の保険も受給できないこと）、家族からの排除（困窮時に援助する家族がいないこと）、公的福祉からの排除（受給要件を満たしているにもかかわらず、公的扶助を受けられないこと）です。こういった状況の人が最後に陥るのが5つめ、自分自身からの排除です。4つの排除により社会からの拒絶されたことで、自己責任論を内面化し（自分自身も自己責任論を受け入れること）、貧困が自分のせいであると考えることです（湯浅 2008）。この状態に陥ると、周囲の人に手助けを求めることさえ難しくなります。

親の経済状況の影響で学力を上げることができずに進学できなかったり、お金がなく進学をあきらめた人は、その後、よりよい収入を得る仕事に就く機会は少なくなります。本人の努力ではどうにもならない経済状況により進学を断念した場合でも、「日本は教育も整っているのだし、学歴がなくて職につけないのは自分のせいでしょ」と思われるかもしれません。しかし調査によると、学力は努力によって向上はするものの、その成果は社会経済的背景を上回るものではないことがわかっています。親の年収は、子どもの成績とはっきりとした相関関係にあります。社会経済的背景が非常に厳しい小学生・中学生が1日3時間以上勉強して獲得する学力の平均値は、恵まれた社会経済的背景のうち「全く勉強しない」小学生・中学生の学力の平均値よりも低いのです。学力格差は教育問題というよりも、社会構造自体の問題です（耳塚、中西 2014）。自宅に勉強できる部屋や机があり、調べ物をするパソコンやネット環境があり、わからないときに教えてくれる親や家庭教師、塾の先生がいるために、非貧困家庭の子どもは貧困家庭の子どもよりはるか先から走り出していることになります。

日本の貧困率を実際よりも低く見積もり、日本に貧困者は少なく例外的存在であるという考えは、貧困の原因は本人たちにあるという考えにつながります。「日本ではすべての人が平等に機会を得ている。だから貧困に陥るのは本人のせいだ」という発想を生み出します。日本社会の貧困状況に対する不見識と貧困者の状況への無理解は、貧困者への個人攻撃や自己責任論に結び付いていきます。自己責任論の落とし穴は、「すべての人に同じ機会があった」と前提している点にあります。個々の背景を無視し、自分と同じ選択肢を等しく選べたはずと想定しています。同じ会社に勤める2人が同時にリストラされたとします。Aさんは貯金をしていたのですぐに困窮することはなく、転職活動をして次の安定的な職を見つけました。Bさんはすぐに困窮しました。貯金もなく、まもなく住む場所もなくなったために路上生活となり、転職活動さえ満足にできませんでした。同じ会社に勤め、同じ給与を受け取り、同じ時期に失業した二人の例を見て、「貯金をしていなかったBさんの自己責任だ」と思うかもしれません。しかし、そのほかの条件がどうであったかを考える必要があります。Aさんは大学卒業まで、親が学費や生活費を出してくれていたのかもしれません。就職後に親と同居していたならば、家賃の支払いも不要で、給与は順調に貯金できたことでしょう。一方のBさんは、実家が経済的に豊かではなかったのかもしれません。奨学金で大学に進学し、生活費はアルバイトで賄っていたのであれば、就職後は奨学金の返済、親への仕送り、家賃の支払いがあり、給与を貯金に回す経済的余裕がなかったとも考えられます。

同じような生活をしているように見えても、背景は千差万別です。家族からの支援がなかったり、むしろ家族を経済的に支援しなければならなかったり、急な事故や病気に対応できる経済力がなかったりと、個人の状況は異なります。日本の自己責任論による貧困者への批判は、日本が格差社会であるという認識の欠如、貧困の実態に対する無理解、そして、「誰でも等しい機会があったはず」という誤った前提に基づいています。

アメリカ合衆国のアンダークラス論

1980年代以降、アメリカ合衆国で広まったのがアンダークラス論です。アンダークラスは、都市部の貧困層で、福祉に依存し、犯罪行為に手を染め、学業や仕事に熱心でない人びとの総称として使われました。つまり、社会に参画しない人、社会からの支援に値しない人として都市部貧困層が描かれました。特に母子家庭の母親や失業男性などがやり玉にあがり、貧困の原因は当事者の生活態度や個人の資質にあるとし、彼らを社会福祉の依存者として批判しました。個々の背景を無視して貧困者を一つの同質的な集団とする議論です。メディアも彼らに共通する「貧困の文化」があるように描きました。たとえば、実際には1960年代よりも減少していた黒人の出産率を無視し、このままだと子だくさんなアンダークラスの文化がアメリカ文化を侵食すると煽《あお》っていました（ウィルソン1999）。アメリカの伝統的価値観を共有しない人びととして、貧困層を社会の外に位置付けた議論です。医療現場の事例から貧困と人権に焦点を当てて研究してきた研究者は、貧困者の苦悩の原因としてこの貧困の文化を強調することを批判しています。格差や不平等という政治的・経済的な構造に起因する問題が隠れてしまうからです。社会の構造的暴力によって貧困者が受ける被害は、彼らの文化的規範に沿った行動とは別に考えなくてはならないと注意を促しています（ファーマー 2012）。

アメリカの伝統的価値観の1つは、努力すれば誰でも成功するというアメリカンドリームです。移民でも貧困層でも、アメリカでは機会は平等にあり、努力によって立身出世を果たせるというこの幻想は、貧困層を含む多くの人が信じています。しかしながら、実際のアメリカ合衆国は経済的流動性が低く、親の所得によって子どもの生涯の経済的地位が決まる傾向が強い国です。努力を推奨するアメリカンドリームの考え方には危うさもあります。「成功できない人は努力をしていないので、本人が悪いのだ」という貧困者批判に結び付くからです。アメリカ合衆国では、懸命に働いたとしても生活が成り立たないような賃金が最低賃金として設定されていたり、保険料が高額で経済的に余裕がある人しか医療保険に加入できないため、病気によって失職するとたちまち困窮化するなどの現実があります（日本のような国民皆保険制度はありません）。あるアメリカ人ジャーナリストが実際に最低賃金で働き、その収入だけで生活ができるか試してみたことがあります。体験記『ニッケル・アンド・ダイムド：アメリカ下流社会の現実』（エーレンライク 2006）が描き出したのは、社会の中で真面目に働いたとしても、それに見合った賃金は支払われておらず、働いても働いても生活が向上しない現実でした。

経済的徴兵制という言葉にも格差が現れています。経済的徴兵制とは、貧しい若者が軍の奨学金目当てに入隊することです。貧しい家庭出身者が高等教育の機会を得るために、軍の仕事を選び、退役後に支給される奨学金を当てにせざるを得ない状況を表しています。貧困者は学歴を手に入れるのと引き換えに、徴兵制に「自発的に」応じるという状況が作り出されているのです。第2次世界大戦中の日本でも、少年たちが軍に志願した理由の1つに教育がありました。特別年少兵になれば勉強する機会も得られると、軍が宣伝したためです。戦時中でない今の時代にも、アメリカでは経済的徴兵として同じことが起こっています。

出身家庭の経済的な格差や人種による不利益などを軽視し、誰もが努力によって成功する可能性があると謳うことにより、また貧困者を「怠惰なアンダークラス」として集団化し批判することにより、社会構造の不備が隠蔽されています。このような「貧困は罪であり、貧困者は援助に値しない」という考えは、いまも根強くあります。

エリート	Elite	6 %
確立した中流	Established Middle Class	25%
技術的中流	Technical Middle Class	6 %
新富裕労働者	New Affluent Workers	15%
伝統的労働者	Traditional Working Class	14%
新興サービス労働者	Emergent Service Workers	19%
プレカリアート*	Precariat	15%

＊不安定な雇用・労働条件で働く人びとや失業者のこと

表2

イギリスでの労働者階級批判

日本人の多くは、イギリスが格差社会であるというイメージを持っていないかもしれません。しかしイギリスは、労働者階級などの用語によって説明できる階級社会です。イギリスのBBCは階級算出機（Class Calculator）をホームページで公開しています。いくつかの質問に答えていくことで、自分がどの階級に属しているのかが算出できるものです。BBCラボは2011年に大規模調査を実施し、①これまでのような3つの階級区分（労働者階級、中流階級、上流階級）は役に立たないこと、②職業や収入だけでなく社会や文化の側面も考慮して7つに区分すべき、とまとめています（表2）。この7つの区分は、いわば21世紀の社会階級です。

過去の遺産である3つの階級が現代社会の実態に合わなくなったというのはわかりますが、階級という概念で社会を説明するのをやめるのではなく、新たに現代社会に合致する社会階級の区分を作りなおそう、というのは興味深い点です。それほど、イギリス社会においては階級意識が根付いているといえます。

2000年代以降、イギリスでは貧困層に対する誹謗中傷が激しくなっています。『チャヴ：弱者を敵視する社会』では、イギリス社会の中上流階級の人びとの中に、労働者階級／下流階級への嫌悪感が広がっていることを、政治やメディアの動向から論じました。「チャヴ」は労働者階級の蔑称です。コメディやジョークでは公然と彼らをけなして笑いを取っています。特定の人びとへの明らかな侮蔑であるにもかかわらず、あるジムでは護身術レッスンを「チャヴ撃退術」として宣伝し、それを広告基準局も容認していました。労働者階級への敵視が広がっていることが指摘されています。労働者階級は礼儀作法を知らず、教育を軽視し、10代のうちから妊娠し、子だくさんで福祉に頼るというイメージが流布されているのです。「チャヴ」を批判し、低所得者層を「福祉のたかり屋」であるとレッテルを張ることによって、中流階級や上流階級は不平等な社会を正当化する手段を得ることができます。貧困や格差の問題の原因は、社会の構造にあるのではなく、貧困者自身にあるという主張です。そうであれば、非貧困者は貧困や格差という問題の責任を負わずに済み、改善に努める義務もない、というわけです。生活保護の不正受給によって国家が受ける損害よりも、中上流階層の脱税によって生じる損害のほうが70倍も多い（ジョーンズ　2017：43）ものの、中上流階層が「たかり屋」としてメディアによって批判されることはありません。一方で、低所得者層による犯罪が起これば、メディアは「チャヴだからこそ」として労働者階級全体に責任を課すということがここ10年繰り返されているといいます。

ジャーナリストが最低賃金労働を実体験したドキュメンタリー『ハードワーク』(トインビー2005)はイギリスが舞台です。働いても貧困から抜け出せず、社会的弱者が固定化される様子が描かれています。同様の手法の本で、大手企業アマゾンの倉庫や配車および宅配サービスを展開する企業ウーバーの運転手として働いた人のルポタージュもあります。社会構造がいかに所得の低い人びとを低いままにとどめておこうとするか、これらの本がわかりやすく示しています。

アメリカ合衆国やイギリスの貧困層に対する批判は、人種や移民とも結びついています。貧困層には黒人や中南米出身者、移民が高い割合を占めることから、人種差別や移民排斥の動きにもつながります。イギリスは約85％が白人で、混血が約2％、黒人が約3％、アジア系が約7％です。以前と比べて白人の割合が減少し、混血や黒人、アジア系の割合が増加しています。7つの階級区分でみると、下位の階級のほうがエスニック・マイノリティの割合が高くなっています。

しかし貧困は、単に黒人や移民、エスニック・マイノリティの問題ではありません。イギリスの大学進学率の平均は約40％ですが、労働者階級の白人男性に絞ると約10％とかなり低くなっています。アメリカ合衆国でも近年、白人労働者階級の困窮が指摘されています。1999年以降、全ての集団で死亡率が低下したにもかかわらず、白人労働者階級のみ、上昇しています。教育や職業、所得の面でも白人労働者階級の地位が低下しており、白人の労働者階級が社会から取り残されているとして問題視されています。とはいえ、「女性差別」「人種差別」「移民差別」という一般的に理解されやすい課題に対して、白人労働者の苦境は見えにくく、対応が必要な課題として認知されにくい傾向があります。貧困の問題は、思われているよりも複雑化しているのです。

白人労働者階級の子どもたちの成績や進学率の低さは、貧困のみが説明要因ではありません。そこにアイデンティティ・クライシスがあると指摘されています（ブレイディ 2020）。将来への夢や希望を感じられず、努力は無駄であるという社会構造への絶望もあります。不安定化した白人労働者階級は保守傾向が強くなる傾向があります。実際に白人貧困層とイスラム教徒の対立がアメリカ合衆国とイギリスで起こっています（ゲスト 2019）。どの社会でも、現状への不満は、別の社会的弱者グループに向かう傾向があります。階級的敵意と人種、出身地など複数の軸によって相互批判が生じています。

日本では下流階級を総称して侮蔑する「チャヴ」に相当するような言葉はありません。貧困者の姿は見えにくく、集団化されていないためです。実際には貧困者がいないわけではありません。貧困に対する無関心があり、貧困者を「豊かな国の例外」として自己責任の枠に閉じ込めているといえるでしょう。イギリスにおける「チャヴ」批判や、日本における貧困問題の否定と貧困者批判は、いずれも自国の社会への無知と困窮者への無関心が根底にあります。貧困者自身に困窮の責任を負わせることで、社会全体を免責し、社会の不平等な構造から目をそらしているのです。機会が平等に与えられていないことを認めず、個人の困窮を自己責任として説明することも、ある種の弱者への敵視です。

2 ブラジルにおける貧困の「発見」

第1章でみたように、ポルトガルの植民地だった時代から近年まで、貧困は「解決すべき社会問題」とは認識されていませんでした。奴隷制があり、主人と奴隷、ヨーロッパ人（白人）と黒人奴隷という上下関係が当然であった時代には、貧富の差も貧困も、当然のものだったからです。奴隷解放後は、貧困は社会問題というよりは個人の問題であると考えられてきました。奴隷制が廃止されすべての国民は「平等」になったのだから、貧困は貧困者自身に責任がある、というものです。しかし、当然ながら奴隷は教育を受けられませんでしたし、資産も築けなかったため、解放されたからといってすぐに安定した生活を送れたわけではありません。そのため、奴隷制廃止後も元奴隷たちは低い賃金で労働することを余儀なくされ、貧困層を形成していきました。このため当時、貧困は「元奴隷黒人の問題」だったのです。その後徐々に貧困層を抜け出していく黒人も現れました。その一方で、移民としてブラジルに来たものの、貧しい生活を続けていくヨーロッパ出身の白人もいました。ブラジル国内には多くの貧困層がいましたが、それでも政府が貧困の改善に取り組むべきとの認識は根付きませんでした。

1920年代以降、ブラジルは人種差別や人種主義から自由であるという、人種民主主義の考えが広まっていきます。ナショナリズムの高まりとともに、人種の混淆（混血）をブラジルの肯定的な特徴として捉える考え方が定着していきました。アメリカ合衆国とは違って人種間の婚姻が珍しくなかったブラジルでは、白人と黒人、先住民、アジア系という明確なカテゴライズは難しいという認識も広がります。貧しさは人種と切り離されて、社会階層や社会構造と関連付けて考えられるようになっていきます。貧困は特定の人種だけの問題ではなく、ブラジル社会全体の問題となりました。

貧困が「解決すべき社会問題」として本格的に政策の対象となったのは、1980年代後半になってからです。1988年には、貧困の根絶と社会・地域格差の是正が必要であると憲法に明記されました。1990年代になると政治経済が少しずつ安定し始めたこともあり、国家としての発展に欠かせないものとして貧困削減が重要課題となります。この時点でようやく、貧困がブラジルの社会問題として「発見」されたといえます。貧困層の集住地区や教育問題に関する学術的な研究が活発化してきたのもこの時期です。貧困層の抱える問題が何であるかを調べ、それに対して対策を練るという流れが定着していきました。

ブラジルの貧困問題で重要なキーワードは、貧困の自然化（*naturalização*）です。日本は貧困者が見えにくく、先進国の中でも貧困率が高いにもかかわらず、貧困者がいることに気が付きにくい社会です。一方、ブラジルでは貧困者の存在は可視的です。道端で寝転ぶ人びとや信号待ちの車に金銭を求める人びと、路上で営業許可を取らずに物を売る人びと、簡素な家がひしめいて立ち並ぶ丘など、貧しい人びとの存在は日常生活の一部となっています。つまり、貧困に気が付かないわけではなく、それが当たり前の風景の一部として自然なものとなっている状況を「貧困の自然化」と呼びます。貧困者の実態が見えにくいために存在が否定される状況も問題ですが、貧困者の存在が当たり前になり日常の一部として自然化することも、改善を目指す機運が高まりにくいという点で問題なのです。

3 ≫ 格差と感染症

著しい格差は、社会にさまざまな問題を引き起こします。格差社会の下層は生活に困窮するだけでなく、社会の周縁に追いやられることにより、中間層や富裕層が享受している権利や利益から排除されます。ブラジルでは、社会の一員として持つ権利は、社会階層によって異なります。少数の富裕層には満遍なく享受され、中間層には市場の力、つまり経済力に応じて調整され、周縁に追いやられた貧困層にとってはなきに等しいものです（ビール 2019）。貧困層の生活が不安定であることは、治安に直結します。中間層や富裕層の日常生活や経済活動にも悪影響を及ぼすことになります。

経済危機を含め、社会が危機的な状況に陥ると、まずは社会的に弱い立場の人びとに被害が集中します。そして貧困層がそれまで以上に不安定化すると、ダメージは社会全体に広がります。２０１５

年にブラジルで流行したジカ熱と、２０２０年に世界で流行したコロナウイルス感染症を事例に、社会の危機がより弱い立場の人びとに与える影響と、社会全体が受けるダメージを見ていきましょう。

ジカ熱流行でみえたブラジルの格差

２０１５年からブラジルで広がった新しい感染症ジカウイルス感染症（通称ジカ熱）は、貧しい地域の人びとに大きな被害を及ぼしました。ウイルスは人を選ばないように思えます。国民が同じ環境にいれば、おそらく同じように感染するかもしれません。でも実際の社会では、社会の成員がみな同じ環境に生きているわけではありません。広い清潔な家に住む人もいれば、小さな小屋に10数人が住んでいる場合あります。ウイルスは環境的に悪いところで広がりやすいものです。さらに、環境の整っていない地域に住んでいる人びとは医療を受ける機会に恵まれておらず、（感染前の）健康状態は悪いことも多いため、重症化しやすくなります。つまり、たとえその社会の全員が感染したとしても、社会的弱者のほうが重症化の割合は高くなります。ウイルスは貧しい環境の人びとにとって強い脅威になり、感染によって弱者はさらに苦しい立場へと追いやられます。

ジカウイルスによるジカ熱は、２０１４年にブラジルで開催された国際スポーツ大会時に他国の選手団によってブラジルに持ち込まれたと考えられています。その後、特に貧しい北東部で流行しました。ジカ熱は蚊によって媒介される病気です。上下水道が未整備の地域では蚊が繁殖しやすい水たまりが多くあります。ブラジルの上下水道の整備状況は年を経るごとに改善していますが、いまも地域差は大きいままです。南東部では7割以上の地域で整備されていますが、北東部では30%前後、北部ではわずか数%と、整備の割合は著しく低くなっています（IBGE 2011）。ジカ熱は、このような住環境の整っていない地域で広がっていきました。ジカ熱の症状自体は軽く、デング熱の症状に似ています。感染者は重症化することはまれであったこともあり、「軽いデング」と呼ばれていました。しかしその後、ジカ熱の流行した北東部で、先天的な障害である小頭症の新生児の報告数が急増していきます。その後の調査によって、妊婦がジカ熱に感染した場合、胎児に母子感染し、深刻な障害を与えることがわかりました。

ジカ熱流行によってブラジル社会が抱える不平等がはっきりと見えてきました。1つは前述のように、感染の不平等です。ジカ熱患者の75%が北東部の人びとで、人間開発指数が低い貧しい地域の人びとが大半を占めました。妊婦がジカ熱を患ったことで、母子感染によって子どもに重い障害が残りました。小頭症児の7割以上が北東部に集中しており、豊かな南部ではわずか1%です。ジカ熱を調べた人類学者は「若く、貧しく、低学歴で、国内でもっとも弱く不安定な地域北東部の女性たち」が深刻な影響を受けたと述べています。最新の研究でも、ジカ熱による症状は環境や生活習慣の影響を受けることが明らかになりました。貧困層の食生活は、炭水化物の摂取が多く、たんぱく質が少ない傾向にあります。２０１５年に小頭症児を生んだ母親の40%は、十分なたんぱく質を摂取できていなかったことがわかりました（Barbeito-Andrés, et al. 2020）。栄養不足が、ジカウイルスの影響を深刻化させたということです。

もう1つの不平等は、病院・医療へのアクセスの不平等です。良質な医療サービスは私立病院で提供されており、普段から高額の保険料を支払える人びとだけが質の高い治療を受けることができます。保険料を払えない人びとは、公立病院での不完全な医療サービスしか選択肢がありません（ブラジルには、日本のような国民皆保険制度はありません）。そこでは、薬剤や設備、人手などすべてが不足しています。さらに、北東部では病院がない地域もあり、アクセスが限られています。

研究、学術界の不平等も指摘されました。ジカ熱がブラジルにとって新規の病いであることや母子感染の可能性があることに気づいたのは、患者を診察していた北東部の医師や研究者でした。「軽いデング」と思われていたものが、デング熱とは異なるウイルスによって引き起こされる新規の病気であることを明らかにしました。しかし、彼らの発見は時に黙殺されました。医療設備や研究設備が整っていない北東部からの発信は、国内の研究者によって信憑性が低いと判断されました。ウイルスを特定する実験方法の不備が指摘されたり、検査中のコンタミネーション（検体に異物やほかのウイルスなどが混入することを指します）による不正確な検査結果であると疑われたこともありました。流行中の病気がこれまでブラジルにはなかったジカ熱だと特定された後、学術論文を書いて世界へ発信する主体となっていったのは、南部南東部の医師や研究者たちでした。貧しい北部北東部と、豊かな南部南東部というブラジルの地域格差がここでも姿を現し、政治力、発言力の不均衡へとつながっていきました。

ジカ熱の流行はブラジル社会が抱えるさまざまな面での格差を可視化しました。ジカ熱によって生まれた小頭症児たちは、乳児から幼児へと成長しています。親や支援者たちの活動により、給付金や療育機会の提供など、小頭症児をこれから社会で支えていくための制度構築が進められています。ジカ熱が再び流行することのないよう、上下水道の整備などの整備も求められています。

新型コロナウイルス感染症と格差

２０１９年末に中国武漢で確認された新型コロナウイルス感染症は世界へ広がり、近年まれにみる大流行となりました。感染による健康被害だけでなく、医療現場を疲弊させ、経済にも深刻な打撃を与えています。この感染症は、特に弱い立場の人びとに大きな被害をもたらしました。感染症そのものの問題だけではなく、ヨーロッパや中南米、アジア各国で、女性へのドメスティック・バイオレンスや子どもへの虐待行為も増加したと報告されています。保護施設への連絡が増加したと同時に、それまで保護施設と連絡を取っていた被害女性たちからの連絡が途絶えたことも懸念されました。感染症対策として外出が制限されたことで、加害者である配偶者や親が在宅となり、被害者は助けを求めることさえできなくなったのです。このように、新型コロナウイルス感染症は、より社会的に弱い立場の人びとを直撃しました。

ブラジルのみならず、多くの格差社会において、特に貧困層の人びととの感染率と死亡率が高いことが分かっています。この感染症によって大きな打撃を受けたのは、格差社会においてもともと下の層にいる人びとだったのです。たとえばアメリカ合衆国では貧困層や黒人、マイノリティの被害が大きく、人種間で明らかな感染率と死亡率の差がありました。黒人はアメリカ合衆国の総人口の12％ですが、死者数では白人の倍以上の割合を占めています。白人の死者数の割合は人口比を下回っています。中南米出身者が多く人口の４割を占める地域では、感染者数の割合は６割に達しています。つまり、新型コロナウイルス感染症はより経済的に貧しい地域で広がっているのです。

イギリスでも貧困層やＢＡＭＥが大きな被害を受けています。ＢＡＭＥはBlack, Asian and Minority Ethnic の略で、イギリスのマイノリティグループの総称です。重症化した患者のうち約34％がＢＡＭＥで、人口比率よりもはるかに高くなっています。死亡率は、白人の１・５倍から２倍とも推計されています。

アメリカ合衆国やイギリスで貧困層やマイノリティの感染率、死亡率が高くなったのはなぜなのでしょうか。原因の１つは、感染症が拡大する以前から存在する健康に関する人種格差です。格差社会では、人種や階層によって教育と就業の機会の差があります。これが健康上の差へと結びつくのです。アメリカ合衆国では黒人のほうが健康上の問題を抱えています。教育水準の高い人びとは健康を維持するための豊富な知識を持っています。教育水準の低い人はそういった情報にアクセスすることが難しい傾向があります。仕事では、教育水準の高い人びとは在宅勤務が可能な職に就いている一方で、低い人びとは外出自粛期間であっても家から出て働くことが必要な仕事に就いています。スーパーマーケットなどの小売店、公共交通機関など、市民の生活を支えるインフラ関連の仕事です。必要不可欠な仕事であるにもかかわらず低賃金であることが多く、そのために経済的な理由から健康保険への加入率が低い傾向にあります。このような健康上の既存の格差が、感染症で合併症を起こし重症化する要因となっているのです。

ブラジルでも同様のことが起こりました。外出を控えて自主隔離できるのは、在宅でリモートワークが可能な職種の人や、在宅ワークのための機材や環境が整っている人、休業しても給与保障がある雇用形態の人びと、貯蓄のある人びとに限られます。ブラジルの就労者全体のうち、在宅ワークができたのは約13％でした。そのうちの70％以上が大卒・大学院卒でした。高卒は約25％、初等教育（小学校・中学校）修了・未修了の人が占める割合はわずか2％ほどでした。在宅ワークの割合を地域別にみてみると、貧困者の多い北部北東部では10％以下と全国平均を下回り、ブラジリア連邦区（25％）やリオデジャネイロ（24％）、サンパウロ（20％）では全国平均を大きく上回る20％台でした（ipea 2020）。

貧困層（不安定層C2を含む）にはインフォーマルセクター労働者が多くいます。インフォーマルセクター労働者とは正式な営業許可を得ずに働く人びとのことを指します。企業に雇用されている社員ではなく、自分で仕入れた果物や、家で縫製した衣類を路上で売ったり、日雇いの家政婦や使用人として働く人びとのことです。彼らの多くは日々の労働によりその日の生活費を稼いでいます。貯蓄する経済的余裕もないため、外出せずに家にこもると、生活はたちまち困窮していきます。低賃金の職種の多くは、感染を恐れながらも家から出て働かざるを得ないのです。貧困層や貧困地域において、感染症の拡大を防ぐための生活様式を実行することが難しかったことがわかります。

ブラジルでの新型コロナウイルス感染症拡大の経緯自体、格差に触れずに説明することはできません。はじめに感染が確認されたのは海外への渡航歴がある人びとなど、富裕層が中心でした。感染拡大初期、富裕層向けの私立病院で感染が次々に判明していきます。その後、社会全体に広がると、大きな打撃を受けたのはやはり貧困層でした。富裕層のあいだでの爆発的な感染は抑えられた一方、貧困層のあいだで拡大していきます。仕事のための外出だけでなく、貧困層を対象とした現金給付の受給のために銀行に長い列を作ることもあります。このような事情から、家に留まりたくても外出せざるを得ない人びとを抱えるブラジルでは、感染拡大を止められませんでした。前述のように、ブラジルの公立病院では十分な医療サービスが提供されていません。救急で病院に行ったとしても混雑した待合室で長い時間を過ごすことになります。そこで感染が広がることもあるため、病院での感染を危惧する人びとは病院にすら足を運ぶことをためらいます。

弱い立場の人びとのあいだで感染が広がり、感染拡大の収束が見通せなくなりました。これにより、富裕層を含めた社会全体も、経済活動や教育の再開が大幅に遅れるなど、被害を受けることになったのです。

近年、ラテンアメリカでは格差が改善傾向にありました。貧困層の所得増加は、格差の改善に貢献してきました。しかしいま、新型コロナウイルス感染症流行により、それも元に戻るのではないかと危惧されています。失業者が増加し、中間層から貧困層へ移動する人びとが増え、貧困層が生活の糧を失うことで格差がますます広がっていく可能性があります。

一部の人に感染症が広がりやすい格差社会は、危機に脆《もろ》い社会です。国家としての感染症対策には、格差の改善や貧困層支援などの政策が必要です。脆弱なままの住環境や衛生状態を改善したり、ウイルスを媒介する蚊の繁殖を抑えるなどの対策をとることで、貧困層が感染症に罹るリスクを抑えることできます。貧困層の生活の安定は、社会全体にとっても利益となります。格差の改善と貧困問題の改善は、倫理的に正しいとか正義であるという以前に、社会を円滑に動かすための合理的な選択でもあるのです。

コラム　ブラジル社会における先住民

ブラジルに居住する先住民はインディオ（*Índio*）と呼ばれています。先住民といっても、彼ら全員が同じ言語や文化を共有しているわけではありません。言語に関しては、マクロ＝ジェ（*Macro-Jê*）語族やトゥピー＝グアラニ（*Tupi-Guarani*）語族などのいくつかの大きな語族があり、さらに一つの語族の中で複数の言語に分かれています。全体でおよそ300の民族と200を超える言語があると考えられています。日本で最も有名なのは、テレビなどで特集が組まれたヤノマミ（*Yanomami*）と呼ばれる集団でしょう。ヤノマミ社会は、現在も伝統的な暮らしを維持していることで知られています。

先住民の文化は、ブラジルの食文化や芸術にも大きな影響を与えています。物の名称や地名なども、先住民言語に由来するものが多くあります。サンパウロ大学でも教鞭をとった知の巨人レヴィ＝ストロースはブラジル先住民の神話に魅せられ、神話分析に没頭しました。しかしながらいま、ブラジル社会との接触による大きな変化のなかで、豊かな先住民文化の継承がうまくいかなくなっています。

インディオたちは、ブラジル社会における先住少数民族です。人口の約0・5％を占めるに過ぎないという意味でも少数民族ですが、権力の面でも少数民族です。つまり、自分たちの住んでいる国ブラジルに影響を与えるような政治的権力を持たず、国家権力を握った人びとに従属する地位に追いやられています。経済的にも多くが厳しい状況に置かれています。先住少数民族に対しては、居住環境の改善や文化的な生活や言語の維持などの必要性が国際的に認知されているものの、ブラジルの事例をみても、先住民をめぐる状況は楽観視できるものではありません。

1500年にヨーロッパ人が到着したとき、現在のブラジルの領土内に先住民の人口がどのくらいだったのか、調査研究によって大きく幅があります。わかっているのは、ヨーロッパから移り住んできた人びとからの迫害や、接触によってもたらされた疾病により、先住民人口は急激に減少したということです。1990年代まで減少傾向は続きましたが、その後、人口は増加に転じました。人口が増加した要因として、コミュニティの安定により出生率が上昇したことが挙げられます。また、この時期に民族的な多様性を尊重しようという意識が高まったこともあり、国勢調査で「先住民」と回答する人が増加したといわれています。現在は約90万人と推定されています。

ヨーロッパ人のブラジル到着以降、先住民は奴隷としてプランテーションで働かされたり、それを拒否した場合には殺害されたりしました。先住民を捕まえる「奴隷狩り」が職業として成立していた時代です。その後、プランテーションでの労働力は、黒人奴隷や移民へと変わっていきましたが、その後も土地を奪う目的で虐殺されるなど、苦難は続きました。先住民を保護するためにインディオ保護局（ＳＰＩ）が１９１０年に設立されました。当初は崇高な理念があったものの、徐々に組織として機能不全に陥っていきます。ブラジル社会と接触した先住民集団の多くは絶えるか、土地が奪われたことにより深刻な貧困状態に陥ったと報告されています。先住民の土地や生活を保護することよりも経済発展が重視されていたためです。先住民に対する非道な行為に世界から批判を受けたことでインディオ保護局は解体されました。新たに国立インディオ基金（ＦＵＮＡＩ）が設立され、今日に至っています。ＦＵＮＡＩのホームページでは積極的に情報発信をしており、先住民に関するさまざまな文書、データ、統計のほか、動画を視聴することができます。

ＦＵＮＡＩの公開するデータからも、先住民がブラジル社会の中で厳しい立場に置かれていることがわかります。先住民の４割弱が母語である先住民言語を家庭で使用しており、ポルトガル語を全く話さない人もいます。そのため非識字率はブラジル社会全体の平均値よりも高い値になっています。こうした言語状況は、先住民の経済的安定にも障害となります。一方で、文化面では以前のような先住民特有の儀礼を執り行うなどの機会が減っています。先住民文化が次世代に継承されていないことで、先住民としての自信や誇りを持てない若者もいます。現在の先住民社会で問題となっているのは薬物蔓延や、ブラジルの平均よりも高い若者の自殺率です。薬物やアルコール依存だけでなく、保護区から町に出たときの文化的ショックや、社会から受ける差別や偏見により自尊心が傷つけられることも自殺の要因です。ブラジル社会でブラジル人として生きることにも、先住民として生きることにも、難しさを感じる人たちがいるのです。

3 マジョリティとしての貧困層

1 貧困層の人びと

貧困層の日常生活を詳しく見ていきます。第一章で説明した5段階の区分を使えば、Dクラス、Eクラスが「貧困層」にあたります。8段階の区分では、不安定層といわれるC2、D、Eが対象です。

ブラジルの貧困というと、ストリートチルドレンを思い浮かべる人も多いのではないでしょうか。ストリートチルドレンは匿名性の高い大都市に集中しており、2万人以上が路上で暮らしていると推定されています。家族の不和や暴力が、彼らが家を出た、出ざるを得なかった主な原因です。路上で暮らすことを余儀なくされているのは子どもだけではありません。ホームレスとして路上を生活の拠点としている18歳以上の人は、ブラジル全体で4万5千人以上と推定されています（WWP：World Without Poverty 2016）。そのうちの8割以上が男性です。7割強が廃品回収などで何らかの収入を得ています。路上で暮らす人びとを取り巻く環境は厳しく、家族や友人、仕事とのつながりがない不安定さから、約3割がうつ病などの精神的な問題を抱えており、約半数が薬物やアルコールを常用しているという調査もありました。

ストリートチルドレンやホームレスはブラジルの社会問題の一つの側面です。ただ、D層・E層である貧困層の多くは、家族とともに家で暮らす人びとです。D層は就学期間が5年から8年（中学校卒業程度）で、E層の平均就学期間は0年から4年です（Salata 2015）。全体の平均より低い所得しか得られない職種には「農業・牧畜業・林業」「土木」「卸売・小売業」「製造業」があり、ブラジルの全労働者のうち半数がこれらの仕事に就いています（Kubrusly 2011）。全職種のうち、「農業・牧畜業・林業」に就いている人びとの数は全国平均では約2割ですが、北部北東部では4割に上ります。経済的に豊かなリオデジャネイロやブラジリア連邦区ではわずか約2％です。豊かな地域では、金融や不動産関係の職種などを含め多様な職種がありますが、北部北東部では選択肢は少なく、「農業・牧畜業・林業」や「卸売・小売業」に従事する人が多数を占めています。

最も平均所得の低い職種は「家事代行業」で、所得はブラジルの平均所得の半分以下です。家事代行業とは、いわゆる「家政婦」や「使用人」のことです。最も低賃金であるこの家事代行業が多いのは北部北東部ではなく、南部や南東部などの豊かな地域です。経済的に貧しい地域の人びとが、よりよい生活を求めて移住した豊かな南部南東部で家事代行業に就いているためです。

最も豊かな地域で最も所得の低い職種が高い割合を占めていることからわかるように、ブラジルの地域格差は都市内部の格差も引き起こしています。1950年代以降の人口集中により都市が巨大化し、階層間の分断が進みました。ブラジル都市部では階層ごとに居住地が明確に分かれています。たとえば、ブラジリア連邦区の富裕地区では、世帯所得の平均が約2万1千レアル／月（約65万円）で、貧困地区では2千6百レアル／月（約8万円）と、大きな差があります。家族を養うために十分な収入を得る職がないなどの理由から都市部へと移住する人びとは、すでに都市部に住んでいる親族や友人を頼って住む場所を探すこともあれば、住む場所が見つからずに不法占拠地を形成していくこともあります。彼らの多くは都市部での正規雇用職に求められる水準の学歴を持っていないため、インフォーマルセクターでの仕事に従事することになります。

現在のブラジルでは制度としての奴隷制はありません。しかし、奴隷的な条件下で労働を強いられる人びとは存在します。経済的に非常に厳しい生活を送る貧困者をターゲットとして、彼らを集めて強制労働させる人びとがいます。良い仕事があると貧困者に声をかけ、住居や食事付きの仕事で、家族に送金できるほど稼げると説明します。多くの場合、遠方の就労地へ移動させて、家族と連絡が取れないようにします。就労地へ到着した後、貧困者に「ここに来るまでの交通費や、途中の飲食代など、お前はすでにたくさんの借金を背負っている」と脅し、十分な給与を支払わずに労働をさせるというのが一般的な手口です。身分証や労働手帳も没収し、暴力で貧困者を支配します。就労地が街から離れていて車がないと移動できない場所であったり、現在地がどこであるかを知らされていないために、逃げることも困難です。日用品が支給され、それ自体に高額な値段がつけられているので、貧困者は働いても借金が増えるばかりという仕組みです。このような債務奴隷の状態に置かれている人の約3割は非識字者で、約2割は5年間しか就学していません。

1990年代半ばから政府の関係機関が連携し、奴隷労働撲滅に取り組んでいます。2020年までに5万4千人以上が保護されました。そのうち9割が農村地域で、労働の内容は、採掘や農牧畜業（コーヒー・トウモロコシ栽培、牧場など）です。残りの1割は都市部での行商人、衣類の仕立て、家庭内での家政婦でした。ブラジル政府は労働力を搾取されている人びとを保護・解放するとともに、労働者を奴隷的な条件で働かせていた企業・団体・個人のリストを公開しています。通称「恥のリスト（*Lista Suja*）」と呼ばれるこのリストは半年に一度更新されています。1月28日を「奴隷労働撲滅の日（*Dia Nacional de Combate ao Trabalho Escravo*）」として定めて啓蒙活動も行っており、ブラジル政府のこのような取り組みは国際労働機関でも評価されています。

2 ≫ インフォーマルセクター労働者たちの日常

都市部の貧困層、北部北東部の貧困層

ブラジルは北部北東部が経済的に貧しく、南部南東部が豊かという地域差があります。国内総生産でいえば、北東部が担っているのが全体の1割強であるのに対し、南東部では6割にも達しています。北東部や北部の貧困率は、全国平均よりも高い傾向が長く続いていて、貧困率の全国平均が約25％のところ、マラニャン州やアラゴアス州は約50％です。貧困ライン以下で暮らす人びとのうち約半数が北東部に集中している一方で、経済的に豊かな南部4州は、約15％以下です。

このような経済の差は、人の移動を引き起こします。貧しい地域の人びとが職を求めて都市へ移住するのです。都市の貧困層はどのように生計を立てているのでしょうか。都市部ではインフォーマルセクター（非公式経済活動）に従事する人が多くいます。たとえば、会社に勤めて給与所得を得るのはフォーマルな経済活動ですが、自分の家で作ったお菓子を路上で販売することで生計を立てるのがインフォーマルな経済活動です。ビジネスの許可を正式に得たうえで収入に対して税金を支払うのがフォーマルな経済領域であるのに対して、インフォーマルな領域では公式な統計に現れない形での経済活動がなされています。ブラジルの道端で売られている商品に中国製のものがあることからもわか

るように、路上で行商をするなどのインフォーマルセクターの経済規模や範囲は想像以上に大きなものです。ある路上市場が火事になり数百の露店とそこにあった商品在庫が消失したとの報道があったとき、被害総額の大きさに他地域の人びとが驚いたことがありました。路上での商売は細々とした小規模なものというイメージがあるためです。実際には、露天商のなかには海外に買い付けに行く人もいます。大量の商品の流通を担う卸売業など、非常に大きな経済圏がそこにあります。課税や規制をのがれて繰り広げられる経済活動は、「地下経済」とも呼ばれており、世界の労働人口の半数が従事しているといわれています。公式な経済活動からだけでは、ブラジルも世界も、理解できません。

インフォーマルセクターの平均所得はフォーマルセクターよりも低くなっています。ブラジルの労働者全体の約4割がインフォーマルセクター労働者で、貧困層では5割強が正式な労働契約を結ばずに働いています。ブラジルの就労状況は2000年代以降、回復や悪化を繰り返しています。失業率が改善してもインフォーマルセクター就労者の割合が増えることもありますので、就労状況が改善したかどうかを理解するには、失業率だけでなく就労者に占めるインフォーマルセクターの割合を把握することも重要です。不安定なインフォーマルセクターでの労働が、貧困の実態を表しているためです。インフォーマルセクターは正式な労働契約を結んでいないために、失業保険や有給休暇、休業補償などの対象ではありません。（非公式に）雇われている場合は解雇を言い渡されると翌日から無給となりますし、露天商を営んでいる場合でも、怪我や病気をすれば収入が絶たれるという不安定な状況下にあります。コロナウイルス感染症の影響で失われた仕事の約7割がインフォーマルセクターでした。インフォーマルセクター労働者は、失業と隣り合わせです。失業は人びとが貧困に陥る原因になりますが、働いていたとしても不安定なインフォーマルセクターであれば、貧困から抜け出すことは難しいのです。

貧困層はなぜ、インフォーマルセクターでの仕事をしているのでしょうか。「最低賃金より多く稼げる」とか「人に使われる仕事はしたくない」などの理由で自らインフォーマルセクターでの労働を選ぶ人もいます。しかし多くの場合、フォーマルな経済領域で働くには教育水準が足りないことが理由です。教育は受けた人に社会的上昇の機会をもたらします。学歴と所得（職種）は相関関係があります。ブラジルは、大卒者が高卒者より多く所得を得る割合が他国の平均よりも高いため、特に学歴と所得の相関関係が強い社会です。

インフォーマルセクター労働者には、初等教育（小中学校）や中等教育を修了していない人が多くいます。専門職に就くための技術なども身につけていません。会社を立ち上げるための自己資金を持たない人びとは、新規参入が容易で、学歴や資本が必要でないインフォーマルセクターへ参入していくことになります。たとえば、市場で仕入れた果物などを路上で転売したり、親族や友人知人の家庭で働いて日当を得るなどの仕事です。

都市部に暮らす、ある路上市場の露天商の日常を覗いてみましょう。私がブラジリア郊外の商人たちとともに暮らしながら現地調査をしていたときのフィールドノートから、路上市場の一日を再構成しました（1レアルは2004年当時のレートで約35円。氏名はすべて仮名です）。

ある市場の一日

マリーザ（57）は目を覚ますと、まず台所に行ってお湯を沸かす。着替えをすませてから、まだ眠っている夫と娘のためにコーヒーを煎れてポットに入れておく。夫と娘の三人で暮らしているこの家の家具は、すべて家具職人である夫の手作りだ。屋根はまだトタン屋根だし、外壁やガレッジは簡素だけど内装は美しく整然としている。しかし初めからこうだったわけではない。

マリーザたちは1950年代後半から開始されたブラジリア首都建設期に北東部からブラジリアへ移住してきた。中心部に近い不法占拠地に住んでいたが、1971年に、政府のプロジェクトによって強制移転され、現在の土地に移り住んだ。そのときに土地は行政から格安で買い取ることができたものの、そこに家はなかった。長い間、木の柱に布を張っただけのテントで家族4人（夫と1男1女）が過ごしてきた。水さえ満足に使えず、床は土がむき出しだったし、地面からはしょっちゅうミミズが出てきた。地面に直接布を敷いて家族が川の字になって寝ていた時はダニに悩まされ続けた。その生活から徐々にお金をためて今の家を作り上げてきたのだ。水道や電気が完備されたのは、強制移転から約8年後だった。

マリーザは服を着替えた後、治安の悪いこの地域の家に必須の鉄柵の門を出て、バス停に向かう。バス停に着くとゴミ箱を覗いて、空き缶を探す。缶は1つもなかった。缶を欲しい人は多いからこんな風に空き缶をみつけるのはすごく難しい。ごみ集めで暮らしている人は本当に可哀想だ。【空きアルミ缶は3・50レアル／キロで引き取られる。】

地域を循環する乗り合いバスに乗って町の中心にある市場に向かう。認可されている公共交通ではなく、ワゴン車での非公式の交通機関だ。朝夕のラッシュ時にはいつも立ち乗りになる。定員が14名のワゴン車には混雑時に30人が詰め込まれることもあり、まるで「いわしの缶詰状態」だ。

＊

町の中心にある市場に7時に到着した。ここは、公式市場の周囲に露天商たちが集まって出来た無許可の市場だった。現在は組織運動を経て、各露店は営業許可を得ているため、取締りの対象ではない。その周囲は、取締りの対象となる車道での物売りで賑わっている。

開店準備に取り掛かる前に、マリーザはまず手提げかばんからタバコを取り出して火をつける。くわえたまま、店を覆うビニールシートをはずし始める。ビニールシートを丸めて端に括り付けると、商品を並べる大きな板の台を設置しようと、マギーニョか警備員を探してみる。きょろきょろしながら探していると、ちょうどいいタイミングでバタバタと音を立てながらマギーニョがやってきた。朝早くから市場に手伝いにくるマギーニョは軽度の精神障害がある。障害年金を受け取る彼は働く必要はないのだが、家にじっとしていられない性質らしく、毎日市場に来てフラフラしながら人の手助けをしたりして1日を過ごし、時にお駄賃を得ている。台を設置したあと、マリーザは毎朝彼に一杯のコーヒーかタバコを道路の向かいまで買ってくるように頼んでいる。お駄賃をもらったマギーニョは嬉しそうに顔をゆがめ、いつものビニール袋にそれを貯めている。

＊

道路向かいのガソリンスタンドには、夜通し踊り明かしていただろう20人ぐらいの若者がビール片手に集まっている。そばに車が3台、爆音で音楽を流しながら停車している。こちら側では、4人の男性がビール片手に冗談を言い合っている。マリーザは出勤して来たばかりの店員アンドレアに話しかける。

「あのビールの缶、取りに行こうか。彼らも集めてるのかなぁ。」
「あとで聞いてみよう。ちょっと怖いけど。」

ちょうどその時、自転車に乗った50代の男性が彼らに近寄り、ビールの空き缶をもらっていく。

「あ～。全部持って行っちゃった。」「皆、缶が欲しいからね。」

＊

8時に商品を全部並び終えて、開店準備が完了する。まわりの露店の人たちもやっと到着し始めた。準備が終わる頃には手は真っ黒になっている。大通りに面したこの露店では、商品にかぶせたビニールが排気ガスによって1日で真っ黒になる。20年以上もここで営業している自分の肺はいったいどうなっているのだろう、とふと思う。

しばらくすると、ネギーニョと呼ばれている新聞売りがやってくる。彼は18歳の黒人の少年だ。彼はブラジリア新聞を毎朝売り歩き、30％の手数料を稼ぐ。ブラジリア新聞の売値は1レアルだから彼の取り分は30センターボだ。日曜は50％の手数料になる（新聞の価格は2レアルになる）けど、日曜は働きたくない。正式に雇用されているわけではないので、いつでも好きなときに休めるのだ。

8時半にこの露店のオーナーであるアナ（マリーザの姉）が到着した。彼女が持ってきたポットのコーヒーを売り子たちと飲む。この露店にはマリーザのほかに19歳の店員アンドレアがいる。コーヒーを飲んでいると、軽食売りがカートを押しながら通る。店主であるアナは自分の露店の売り子全員に菓子パンを購入する。露店主は軽食だけでなくその日の昼食代も売り子に支給するのが一般的だ。北東部から移住してきた人びとが路上市場の売り子に採用されれば、昼ご飯と軽食も確保できたことになる。

露店主や雇用されている売り子のほかにも、公式市場のまわりにはたくさんの物売りが集まっている。手押し車などで商品を引っ張ってくる人もいれば、ほんの数個の時計を手に歩き回っている人もいる。路上で簡易の台の上で時計を売っている男性（20代）は、小さな椅子に座って聖書を読んでいる。2週間ほど前に複数のジーンズ売りが現れ、たちまち公式市場の壁一面が不法露店の商品に埋め尽くされた。

公式市場周辺が静寂に包まれるということはまずない。売り子の掛け声、子どもの叫び声、車のクラクション、乗り合いバスの呼び込み、公共バスのエンジン音、バスを止めようと手をだし、無視されては悪態をつく人びとの声。チェーン店の眼鏡屋や家具屋の宣伝カーの爆音。排気ガスと騒音は、センター街の代名詞だ。ジーンズ売りのように、新たな挑戦者が、商品を手にここにやってくる。家族を養うためだったり、北東部に残る家族への仕送りのためだったり、将来に向けた貯蓄だったり、高校や大学に通う資金だったり、目的はさまざまだ。共通しているのは、いまのところ正規雇用に就ける見込みはないということだ。

物売りが集まって形成した市場には、そこで働く人びとや買い物客をターゲットにした軽食売りも集まってくる。焼きトウモロコシ、ドーナツ、砂糖菓子、袋入りの氷菓子、飲み物などのほか、北東部の郷土料理を出す露店もある。働く人と彼らの家族を含めると、膨大な人びとの生活を、この路上市場が支えている。

ネイリストも路上市場でよく見かける職業の1つだ。この市場でも大勢の女性がネイリストとして、各露店を廻って仕事している。売り子を雇っている露店もあるが、露店主一人で営業している露店も多い。店を離れられない露店主たちを訪問するネイリスト業には根強い需要がある。ほかに、化粧品や香水売りもよく市場を歩き回っている。化粧品のカタログや商品を持ち、露店主や売り子にツケで売る。

＊

「泥棒！」叫び声が聞こえ、道路向かいの露店地帯が騒がしくなる。20歳前後の男がＤＶＤの箱を手に、マリーザの露店の横をすり抜けてゆく。マリーザは泥棒を追いかけている男性に泥棒の逃げた方向を指差す。少し遅れてさらに6、7人の子どもが、楽しそうに走っていく。

路上でニンニクや果物を手押し車で売っているエドゥは、この付近で活動する泥棒を千人ぐらいは知っていると豪語する。大きな袋をいつも担いでいる足を引き摺ったおじいさんは、盗むときになると目にも留まらぬ速さで商品を取っていく。1日が終わる頃、袋は盗んだ商品でパンパンだ。ヒッピーのような服装の若い男女はいつも2人で活動している。通りがかりにエドゥのニンニクをつかみとっていく人もいる。その時は近くの露店仲間と連携して商品を取り返す。でも、泥棒には特に何も言わない。取り返すときも何も言わずにただ商品を渡してもらえるよう手を差し出すだけだ。「なるべく、事を荒立てないこと」、これがここらで生きていくコツだと思う。

別の市場に取締りが入り、海賊版コピー商品などが押収されたとの情報がはいった。ニンニク売りのエドゥは、強い口調で訴える。

「たとえば、自分がここで働いている。自分のしていることは正しくはないけど、でも間違ってもない。偽物を売っている人にだって生活する権利がある。生き抜いていくためなんだ。警察が来て全部商品を持っていってしまったとしても、働き続けないと。」

インフォーマルセクター労働者としての自分達の行為を、エドゥは「正しくないけど、間違ってもいない」と表現した。働きたくても正規雇用者になることは難しい。であるならば、自身で働き口を作り出すしかない。

＊

小さなカートでコーヒーとパンケーキを売るマリアが、マリーザのもとにやってきた。先週、「子どもの服がなく、今すぐ必要」と言うのでマリーザがツケ買いをさせてあげていた。今日は約束どおり76レアルを返しに来たのだった。ツケ買いしていたのは子ども用のパジャマ、服、下着などだった。子どもが別れた夫の実家に泊まりにいくことになったため、衣類が急に必要になったのだ。義母に「子どもを悪く扱っている」と言われないために、新しいのをもたせたかったと、マリアはいう。

北東部ピアウイ州出身のマリアは、故郷に戻りたいとは思わないという。向こうでは生活が成り立たないからだ。都市部ではなにかしら金を稼ぐ方法はある。自分の知恵次第だ。自分でアイディアを搾れば、いろんな方法で法定最低賃金よりもたくさん稼ぐことができる。都市とはそういうところだ。正規雇用の仕事に就きたいとも思うが、軽食を売り歩くいまの仕事のほうが毎日わずかでもお金がはいる。売り上げのいい日は、午前午後にそれぞれ15レアルずつぐらい稼ぐ。そのうち5分の2が材料費で、月収（純利益）は300レアルほどになる。売り上げが毎日あれば、子どもに毎日食べさせられる。月収だったら給料日前に雇用主に前借をお願いしないといけなくなるだろう。そういう生き方はしたくない。

マリアに同調しながらマリーザはいう。「軽食売りのマリオを知っている？　菓子パンとか、ドーナツ、ケーキ、牛乳、コーヒーを売っている。彼は朝3時に起きて、妻がつくった商品を持って一番乗りで市場に出る。7時にはもう市場にいる。10時半に家に戻り、3時半にまた軽食を積んで市場に戻ってくる。そして毎日、完売している。軽食売りは毎日まじめにやっていれば儲かる。彼の家は賃貸だったけど今は持ち家で、4人の子どもは大学まで行っている。車もあって、北東部に年に3回旅行に行っているって。だからマリアも、たくさん商品をもってきて売りさばく勇気をもたないといけない。都市は何かしら食べる方法を見出せるところなんだから。働き者なら大丈夫。」

＊

そろそろ12時になる。時計を見た店主アナは「行っておいで」と言って売り子たちに昼食代1レアルを渡す。市場の近くには地域食堂（*Restaurante Comunitário*）という、行政が運営している食堂がある。1レアルという格安な値段で、ご飯、煮豆、サラダ、肉（もしくは魚）、果物（もしくはお菓子）、ジュースが出てくるので、いつも長い列が出来ている。この地域食堂は、低所得者層の生活向上を目的に、人口の多い低所得地域のみに建設される。バランスの取れた低価格の食事を求めてやってくる家族連れの姿もある。行政の補助金によって運営しているこの食堂は、低価格の食事を提供するほかに、従業員などの雇用も生み出している。

＊

ミリャオン（10代後半）は、非合法市場の前の車道で焼トウモロコシと茹でトウモロコシを売っている。80レアルぐらいで買ったという手押し車には、右側に茹でるための鍋があり、左側には焼きトウモロコシ用の網が置いてある。学校は16歳のときに8年生（中学2年に相当）で辞めてしまった。学校を辞めたのは働きながら学ぶのが難しかったから。その後、トウモロコシ用のこの手押し車を買ってクリスマスの時期に働き始めた。トウモロコシは大体1日40本売れる。原価は1本20センターボ、販売価格は1レアル。クリスマス時期は150本ほど売れる。従兄弟と父親もそれぞれ手押し車で物売りをやっている。父親はジンジン（長細い透明のナイロン袋に果物のジュースを詰めて凍らせたもの）も売っている。暑いクリスマスシーズンの風物詩でもある。

ミリャオンの隣の露店で売り子をしているペドロも同年代だ。売り子をしつつも、いつかは正規雇用の職に就きたいと勉強を続けている。接客の合間は、露店で座り込んで分厚い参考書を読んでいる。知人が通って「よう、ペドロ。読んでるだけか。お気楽なもんだなぁ。」と茶化すが、特に顔を上げることもなく勉強を続けている。マリーザは市場の仕事から「脱出」すべく勉強する若者にめっぽう優しい。「若い子は、ここにずっといてはいけない」と口癖のように彼らに声をかけている。

＊

露天商や手押し車の物売りが市場にあふれかえると、バスや車の通行を妨げることもある。そうすると、取締りが厳しくなる。営業許可を得ていない物売りは、商品や手押し車などを全部没収される。没収される際には、取締まり用のトラックに無造作に放り投げられるのでもう商品や手押し車は使い物にはならなくなることも多い。「取締りが近くにいるらしい」と噂が流れると皆パラソルをたたんで目立たなくしてから、帰る準備を始める。

「やっていることだけ考えれば、俺たちが間違っているだろう。車道のアスファルトの上で売っていちゃいけない。でも、生きることを考えれば俺たちは正しいんだ」というエドゥの言葉にうなずきながら、エドゥの隣で果物を売る女性は「気をつけて生きていかないとね。とにかく生きようとしないと。」と笑う。取締りは現実であり、果物を路上で売って生活するしかないのも現実なのだ、と。

＊

市場での仕事が終わり家に帰ったマリーザは、豆の煮込みを温め、お米を入れて煮込む。テレビをつけ、ドラマを見ながらソファーで過ごす。ドラマのほかに、貧しい人びとを番組が支援し、お金や物を提供し手助けする番組が彼女のお気に入りだ。ある日の番組はこんな内容だった。父親、6歳の女の子、障害を持つ妹の3人暮らしの家庭。6歳の女の子が家事をこなす。椅子に登って家中の掃除をしたり、食器を洗ったりする姿が流れる。彼女は掃除や簡単な料理、妹の世話をする。日雇い労働者である父親は、子どもに楽をさせてあげたいと語りながら涙を流す。レポーターが「この家に足りないものは何だと思う?」と質問すると、女の子は「お人形」と答える。そのVTRをみて、会場の人びとは同情のため息を漏らす。家族をスタジオに招き、現状を紹介するVTRを流したあと、番組からのプレゼントとして、洗濯機や掃除機、子どもの洋服、靴、おもちゃ、人形などをプレゼントし、父親が感謝の言葉を述べながら泣く。女の子が人形を手にして喜ぶ姿に、観客は涙する。

別の日の番組では、サンパウロに仕事を求めて出てきた労働者夫婦が取り上げられていた。夫婦は、大都市でうまく行かずに、子どもとともに不法占拠地ファベーラで最貧の生活を送っている。子どもも学校に通えず日雇いの仕事などをしている。もう一度故郷に帰ってやり直したいというのが彼らの希望だが、全員分の旅費もない。番組は家族全員の旅費を支援し、彼らと一緒に故郷へいく。故郷に残っていた母親は息子一家の帰郷を知らされておらず、突然の再会に涙をながして喜ぶ。番組は一家が再スタートするため、家具一式や1年分の食料、洗濯機、子どもの服などを贈る。さらに当面の生活を補助するための現金を渡す。

都市部の中上流層の人びとは、こういった番組を「貧困者を利用して視聴率を上げている。わざとらしい」といって嫌う人が多い。だが、市場の人びとは好んで見ている。「昨日の番組みた？　あの女の子、感動したわ、あんなに小さいのに。よかったね、あの家族。」と話題にのぼる。

夕食をとりテレビドラマを見終える頃にはもう寝る時間になる。最近教会に行く時間が取れないわ、とマリーザは残念がる。皆で讃美歌を歌ったり跳ねたりする時間が恋しくてたまらない。でも信じる気持ちがあればいいのだ。神はどこでも私たちとともにいらっしゃるのだから。マリーザはひざまずいて神へお祈りをささげたあとベッドに横たわった。

＊　＊　＊

路上市場は安価な商品を人びとに提供するとともに、働く場として多くの人の生活を支える場でもあります。路上市場で働いている人びとのほか、商品が都市部の路上市場にたどり着くまでに、多くのインフォーマルセクター労働者が関わっています。ワールドカップの時期に出回るユニフォームなどの大量のコピー商品は北東部の農村部の家庭で作られます。都市部の露天商が自身の出身地で人びとを集め、ミシンや材料を用意して生産していることもあります。そうした商品は北部北東部の中規模都市にある格安衣料専門の市場で販売されます。都市部の路上市場に商品を運ぶのは卸売業者です。彼らは商品を大量に買い付け、ブラジル全土で売り歩いていきます。そうして市場で売られている商品を、さらに転売するために買っていく人もいます。近所の人や友人に売って利益を得るのです。もちろん、北部北東部だけが全国に出回る安価な商品の供給源ではありません。各都市部の近郊都市やサンパウロにも、格安衣料の生産地として有名な場所があります。１９８０年代以降は、中国製品が世界的に流通し始め、ブラジルでも中国からの安価な商品が出回るようになりました。隣国パラグアイからブラジル国内へ輸入されるルートが一般的でしたが、現在は、さまざまな流通経路が確立されています。安価な商品を提供すると同時に、人びとが気軽に参入できるインフォーマルな経済領域は、ブラジルの貧困層の生活維持に不可欠なものとなっています。

3 ≫ 農村部から都市部への移住と貧困認識

１９２０年代以降、産業化の進展とともに都市への人口移動は徐々に加速していき、１９７０年代には都市部の人口が農村部の人口を上回りました。都市化が進むにつれ、都市部での公共交通やインフラが整備され、拡大していきました。職を求める人びとが都市に押し寄せて大規模な不法占拠地ファベーラを形成していき、都市の内部での格差も拡大していきました。日本でもよく報道されるファベーラは、現在も主要な都市部に広がっています。すでに居住権を得ているため不法占拠ではない地域もありますが、周辺地域からは「雑然とした、治安の悪い場所」として、引き続きファベーラと呼ばれています。

都市部に移住したことで以前より多くの収入を得られるようになった移住者もいる一方で、生活が立ち行かなくなったり、または都市になじめなかったりで、故郷に戻る人も少なくありません。農村部と都市部では、貧困のあり方がそもそも異なります。

都市部への移住により、北東部出身者は自分が貧困者であると強く認識するようになります。低所得であることと、貧困者であるという自己認識は必ずしも一致するものではありません。たとえば、農村部では現金収入がほとんどない世帯や、公的扶助に依存する世帯もあります。彼らが都市部に出稼ぎに行くと、(うまくいけば)北東部にいた頃よりも多くの収入を得ることが可能です。では収入が上がったことで貧困から脱したのかと問われれば、ノーと答える人もいます。理由は2つあります。

1つめは、生活にかかる経費が格段に上がるためです。確かに収入は増えますが支出も増えます。北東部で暮らしていたときは家の近くの湖から汲んできていた水が、都市部では有料になりますし、物価が高いためにガスや電気代も高くなります。家賃も必要です。このため、北東部にいた頃よりも高い収入を得たとしても、生活水準は下がることがあります。また、自給自足もできません。北東部での生活の強みは、農作物を育てる土地があるという点です。豚や鶏などの家畜を育てることもできます。都市部では土地も少なく、出稼ぎ者は間借りすることがほとんどのため、自分で作物を育てることはできません。故郷でしていたような近所の人たちとの食糧のやり取りもありません。生活に必要な食糧のすべてを購入することになり、金銭的な負担が増えます。「都市ではなんでもかんでもお金がかかる」と、ある移住者はつぶやいていました。このように、移住によって所得があがることは必ずしも貧困からの脱出を意味しません。同じ所得でも、物価の高い地域と低い地域では、実現できる生活水準は異なります。また、生活に必要なすべてを購入する必要があるのか、または無料で利用可能なものが周囲にあるのか、周囲の人びととの相互扶助の関係があるのかなど、所得以外に考慮すべき点は多いのです。

もう1つ、移住によって「自分は貧困者だ」という認識がむしろ強くなることがあるためです。北東部の内陸部は平均所得が低く、地域内での経済格差はそれほど大きくありません。そのような農村部から移住してきた人はよく、「故郷ではみんな顔見知りで、みんな貧しかった」といいます。このような環境では、自身を貧困者として認識する機会はあまりありません。自分の社会的地位は、他者との比較によって認識するものだからです。しかし都市部に出ると、これまでテレビの中でしか見なかったような「お金持ち」の存在が目の前に立ち現れます。圧倒的な経済優位者を前にすることで、自身の経済的劣位を認識するようになるのです。

都市部で貧困者としての自分を強く意識するようになったとしても、移住は成功だったという人もいます。移住によって、子どもや孫世代の生活水準が大きく向上したことが理由として挙げられます。

マリーザの例をみてみましょう。マリーザの両親は、北東部パライバ州の農村部で生まれ育ち、結婚して8人の子どもを育てました。20代になったマリーザの姉がブラジリアに父とともに移住したのを契機に、マリーザたち兄弟と母もブラジリアに移住しました。マリーザたちの子ども世代と孫世代は都市部で育っています。マリーザたち兄弟は、数年は小学校に通ったことがありますが、教師としての知識を持っていた父親から家で教育を受けました。その子どもの世代は多くが初等教育（小学校・中学校）を修了し、中等教育（高校）修了者もいます。マリーザたちの孫世代は大学に進学し、なかには奨学金を得て海外で大学院を修了した人もいます。つまり、マリーザたち兄弟の移住によって、その子ども世代、孫世代は明らかな教育レベルの上昇がありました。

就労の面では、マリーザたちの世代は市場での就労や家政婦・使用人としての家事代行業をしており、インフォーマルセクター労働者です。その子どもたちの世代は、半数がインフォーマルセクター労働者ですが、半数はフォーマルセクターで就労しています。孫世代の多くは正規雇用の職に就いています。マリーザ自身は移住によって教育レベルが上昇することはなく（20歳前後での移住であったため、移住後に学校に通うことはありませんでした）、仕事も市場の露店のままです。それでもマリーザが都市部への移住を肯定的に語るのは、子どもや孫の世代が故郷北東部では得られなかった教育と就労の機会に恵まれたからでした。都市は、北東部にはない機会を提供する場所です。マリーザたち第1世代は、経済的に苦しい生活を長く続けたとしても、息子世代や孫世代によりよい機会を提供できたために都市の恩恵を実感しています。

相対的な貧困認識

ここまで見てきたように、貧困とは相対的な概念です。「みんな貧しく、みんな一緒」だった故郷では、テレビを通じて富裕層の生活を間接的に知ることはありましたが、それはあくまでも別世界の話でした。移住者たちは都市部に行って初めて、自分たちよりはるかに裕福な人たちの日常を知ることになります。そして、格差社会ブラジルにおける貧困層としての自分を認識するようになるのです。

スーダンを調査地とするある研究者は、ブラジリアの貧困地区を訪れたときに私にこう言いました。「これを貧しいって言ってんのか。こんなに店があったら、アフリカやったら首都やで」。現在のブラジリアでは、経済的に貧しいとされている地区でも地下鉄が通っている場所がありますし、商店が立ち並んでいます。そういった地域は、スーダンの貧しさを基準とする研究者にとっては立派な都市となりうる場所です。しかし一方で、ブラジリア中心部の富裕層にとっては、その地域は絶対に足を踏み入れたくない周縁化された地域です。貧困とは立ち位置によって変わる相対的なものです。どの立ち位置からみるかで、社会は全く異なる顔をみせるのです。

コラム　先祖の語り方

南米大陸にヨーロッパ人が到着して以来、ブラジルにはポルトガル人、ドイツ人、イタリア人などのヨーロッパ人のほか、アフリカ各国から連れてこられた黒人奴隷、1908年から移住が始まった日本人など、世界各国から人が集まっています。移民大国ともいえますが、今のブラジル社会では「私は移民の子孫である」という意識を持っている人は少ないようです。黒人奴隷が海を渡ったのは16世紀、ドイツからの移民は1818年に開始していますし、イタリア系移民は1870年代にすでに盛んになっていました。その後何世代もブラジルに住み続けているためかもしれません。アメリカではよく「○○系アメリカ人」とのいい方をしますが、ブラジルでは「○○系ブラジル人」という表現は日常ではあまり聞かれません（唯一の例外は「日系」です）。ルーツを聞いてみると、「先住民の血が入っているって親に聞いた」とか「先祖には黒人もいるはず」と答えてくれる人もいます。ある人は「私はドイツ系と、あとなにかのミックスだけど、わかんない。要するにブラジル人よ」と答えました。このように、一番多かった答えは、「いろいろな血が混ざっているけど、要するにブラジル人」というものでした。

一方で社会階層という視点からみると、面白い傾向があることもわかりました。富裕層や中間層は、家族のルーツを把握している人も多くいました。家族からルーツを聞いていたり、名字から自分で判断しています。「母方はポルトガル系とイタリア系で、父方がイタリア系」とか、「母の名字はポルトガル人に多いから、ポルトガル系のはず。父の名字はスペイン系ね。」という答えが一般的でした。

貧困層に家族のルーツを質問すると、たいていの人は「パライバ州の田舎にいた白人よ」というように、ブラジル国内の地名を挙げます。「白人」「黒人」「先住民」などの言葉で説明され、ブラジルに移民する前の国名を挙げる人はほとんどいませんでした。北東部出身のある人は、「カボクラ（*cabocla*）」という言葉で先祖を説明してくれました。

「父親から先祖の話を聞いたことがある。なんで私はこんなに毛深いのかと父に聞いたら、私のおばあさんの母親はカボクラだったからだって。カボクラってわかる？　私たちのように人間に育てられた人じゃなくって、森で獣に育てられた人のこと。ある日、狩人たちが森へ入っていった。そこで一人のカボクラと出会った。獣のように何かを食べていた。とてもよく走ってね。狩人たちは面白いと思って彼女を捕まえた。そこから私の家族の歴史が始まった。」

ほかにも、北部出身者が同じような話をしてくれました。

Column

「曾祖母がカボクラだったたって聞いている。先住民と黒人の子で、森の中で犬に見つけられたんだって。わきの下の毛がなかったって。僕の祖父も毛がなかった。」

カボクラはブラジルの辞典では「白人と先住民の混血」と説明されており、「田舎の人」という意味もあります。森で獣に育てられたカボクラが家族のルーツだというのは興味深いお話です。このように、家族のルーツに関する話にも階層によって違いがあります。

4 中間層と富裕層、そして貧困層

1 ≫ 階層間の移動を考える

階層の分類はあいまいなものです。社会階層は、人びとのあいだで漠然と共有されている認識です。各国の調査ごとに異なる指標が用いられていますし、国ごとに考え方も違いますので、データをみるときは注意が必要です。

イギリスの「21世紀の階級」でみたように、経済以外の指標、たとえば消費行動や所有物、職業、教育、文化活動なども判断材料となりえます。イギリスではこの傾向が強くあります。たとえば、労働階級出身者が宝くじで高額当選し、経済的には富裕層の仲間入りをしたとしても、社会階級を移動したとは周囲に判断されない可能性があります。しかしその後、当選者が当選金を用いて投資や会社の買収で経済資本を蓄積していけば、階級が上昇する可能性はある、といったぐあいです（サヴィジ2019）。宝くじの高額当選者の階層上昇に関しては、社会によってとらえ方が異なります。イギリスのように「上昇しない」と考える社会では、経済以外の指標が階層・階級の判定に大きく関わっているといえます（社会学者ブルデューの「文化資本」「社会関係資本」といった言葉が思い出されます）。しかし、イギリスのようにさまざまな項目を指標に取り入れると、複雑になりすぎて、階級の線引きは難しくなります。ブラジル地理統計院の分類のように所得を指標として用いる場合は明確ではありますが、一方でそれ以外の指標が用いられていないため、人びとの認識と合致していない可能性もあります。

所得以外の指標も重要ではあるものの、そもそも個人の「富・財産」を正確に測るだけでも困難です。ブラジルでは富が一部の人びとに過度に集中しています。しかし、誰がどのくらい所有しているかを明確にするのは容易ではありません。判断するための詳細なデータが欠けているためです。個人が所有している所得以外の資産（土地や建物などの不動産や、預金や株式など）を測るのは困難です。所得（給与など）はデータとして国が把握しやすいものですので、ブラジル地理統計院でもこれを用いて階層表が作られています。一方で（所得以外の）資産は、個人が何をどのくらい保有していて、その金銭的な価値はどのくらいかということは統計としてはなかなか出すことができません。しかし、この金融資産や不動産資産こそが、格差を測るうえで重要であると指摘されています（Medeiros 2015)。ローンを組んで土地や家を購入する人と、親から受け継いだ家に住み続ける人とでは、日々の生活にかかるコストが異なります。親から受け継いだ不労所得があれば、就労の必要さえないかもしれません。土地や建物や預貯金などを相続したり、会社を受け継いだりすることにより、富裕層は富裕層になっています。

格差の著しいブラジル社会を表す言葉の1つが「ベリンジア（*Belíndia*）」という造語です。ヨーロッパのベルギー（*Bélgica*）のような豊かな面と、インド（*Índia*）のような貧困という2つの面を持ち合わせているのがブラジル社会だという意味です。格差を社会問題として捉えるとき、貧困層だけがよく注目されますが、ブラジルの豊かな層と中間層を考えることも重要です。

ブラジルが植民地／奴隷制時代に社会の在り方が変化したのは中間層の形成が契機でした。農場主と奴隷という二極化した社会のなかで、徐々に中間層が形成され始め、その層は徐々に厚く安定したものになっていきました。彼らこそが、その後の政治的自立運動の担い手として力を発揮し社会を動かしていきました。一般的に、中間層が幅広く安定していれば社会全体が安定します。社会の世論を作り出したり、標準的な国民像を表すのが中間層といえます。

中間層を定義すれば、同時に、誰がそうでないのか（富裕層と貧困層）も明らかになります。つまり、「ベリンジア」のベルギー的な面と、インド的な面がおのずと見えてくることになり、社会の全体像がわかりやすくなります。富裕層を理解することももちろん重要です。富裕層こそが、その社会の経済的、政治的な強い権力を持っているからです。

2 ≫ ブラジルの中間層と富裕層

ブラジルの中間層、富裕層とはどういった人たちでしょうか。第3章で「貧困層」としたのは、Cの下の層であるC2層（不安定層）とD層、E層です。ブラジル地理統計院の同じ8分類を用いると、中間層はC1層とB層（B1とB2）で、富裕層はA層（A1とA2）となります（第1章の表1参照）。所得の重要な要素として、資産や教育水準、居住地などがあります。たとえ所得が高く安定した職に就いたとしても、貧困層出身であったり、住んでいる場所が貧困地区とみなされている場所であれば、周囲はその人を中間層とは判断しないかもしれません。

2000年代からブラジルでは、特に中間層に関する活発な議論がありました。経済学者が「ブラジルは中間層の国になった」と述べ、それがメディアなどで取り上げられ話題となります。「中間層の国」とは、D層E層の割合が減少し、A層、D層、E層の合計よりもC層が多くなったことを表しています。中間層が社会全体の50％を超えたのです。そのなかでも、90年代中頃から2000年代に貧困層からC層になった人びとが「新中間層」と呼ばれ、経済発展を支える存在として注目されました（Neri 2011）。

所得という経済学的な指標によって階層の上昇を定義したことに対して、疑問の声もありました。社会階層は所得によって測られるだけでなく、自己認識や周囲からの「承認」や「否定」も重要な要素です。その層への所属意識や、周囲と「似ている／同類」という仲間意識があるかどうかなどです。たとえば公立の学校に通ったか、私立に通ったか、最終学歴、話し方や立ち居振る舞い、服装や趣味などの好み、消費行動、特定の場での適切な話題などが、ある程度共通していることで所属意識が生まれます。２０００年代に経済状況の向上によって新中間層となった人びとが、中間層としての自己認識を持ち、さらに社会からの承認を受けているかどうかも考慮する必要があります。

ブラジルで中間層が増えた時期に実施された階層意識調査（２００８）では、所属する階層の自己認識と、それぞれの階層に属する人びとの特徴が調べられました（Salata 2015）。調査で用いられた階層区分は、富裕層、中間層上層、中間層、中間層下層、労働者層、貧困層の６つです。富裕層・中間層上層に属すると回答したのはわずか2％ほどで、中間層が24・5％、中間層下層が16・2％、労働者層が19・1％、貧困層が32・6％でした（無回答6％）。興味深いのは、所得からみるとA層に位置する人びとが「中間層」、B層が「中間下層」と自認するなど、多くの人が自分を「一つ下の層」として認識していたことです。階層に対する自己認識の上限が中間層であるといえます。所得が増えて「新中間層」になった人びとの多くは、自分が中間層であると考えていないようです。

中間層は就学期間が9年から11年（高校卒業程度）で、単純肉体労働ではない職に就いている人びとを指します。ブラジル人がイメージする中間層に必要な要素は、安定した生活水準、持ち家、娯楽の享受、高い収入、質の良い教育などです。しかし、実際の平均的ブラジル人がこれらすべての要素を持っているわけではありません。むしろこれらの特徴に合致するのはA層の富裕層です。富裕層は12年以上の就学（大学進学）で、専門職や経営などの仕事に就き、消費活動は最も活発です。また富裕層に重要な特徴としては、親族からの相続が財産の少なくない部分を占めているという点です。

高い所得のほかに、質の高い教育機関での長期の就学、安定した職、持ち家と娯楽の享受などの生活水準の高さが中間層以上の特徴として考えられているものの、平均的なブラジル人の生活は、これらすべてを兼ね備えているわけではありません。中間層に対するイメージと、実際の生活水準とのあいだにギャップがあるために、多くの人が自分を「一つ下の層」と判断しています。実際の中間層の生活は、ブラジル人が考えているほどには安定していないということになります。

3 中間層と富裕層、そして貧困層

ブラジルの富裕層は、日本人が想像する以上に豊かです。ブラジルは決して貧しい国ではなく、豊かな富が偏在している国です。渋滞の多い大都市圏で富裕層に人気があるのは、屋上にヘリポートのあるマンションです。一部の豊かな人びとは、プライベートヘリで移動しているのです。広大な敷地には所有者の豪邸だけでなく、使用人が住む家屋まで建てられていることもあります。そうした人は、使用人も一人だけではなく、料理人、運転手、掃除夫、ベビーシッターなど、職種ごとに雇用しています。

A層に属している人が私にこういったことがあります（その人がA層であることは本人の認識と社会的立場や所得から判断しました）。

「ブラジルでは市民の意思は選挙で反映されない。貧しい人たちの人数が多いから、市民がせっかく考えて投票しても、意見は通らない。」

この言葉では「市民」が非常に狭い意味で使われています。貧困層を「市民」には入れず、中間層と富裕層（もしかすると富裕層のみ）を「市民」としているようです。そして、「考えて行動する市民」の意見が、ブラジルの政治に反映されないことに対して、苛立ちを表しています。このような富裕層のいら立ちはブラジルでよく見受けられます。多数決で物事を決める選挙では富裕層の意思を反映できないとか、富裕層の支払う税金によって貧困層の生活が維持されていること、国の予算が経済の発展（産業の促進など）よりも貧困層への現金給付に多く割り当てられていることなどへの不満があります。

治安の悪さへの強い不満も、貧困層へのいら立ちにつながっています。ブラジルの都市部は治安が悪く犯罪率が高いため、生活する人びとは常に緊張を強いられます。徒歩で通行すべきでない地区や道があったり、暗くなると危険になる場所があります。強盗殺人事件や発砲による被害は、都市部での日常の一部となっています。日本人は自由なブラジルというイメージを持っていますが、実際に住んでみると治安問題が重くのしかかり、日本のように時間や場所を選ばずに行動することはできません。貧困地区周辺は特に危険なため、自宅周辺にそういった地域があると安全な移動手段をまずは確保をしなければなりません。たとえば友人に送迎を頼んだり、タクシーを手配したりする必要があります（ブラジルでは、富裕地区と貧困地区が隣接していることがよくあります）。治安はブラジル人の生活や行動を制限しています。そして、決して少なくない額を、身を守るためのコストとしてかけなければなりません。にもかかわらず、自分たちの納めた税金が、ほとんど何も納めず経済活動に寄与していない（ようにみえる）貧困層に給付金として再分配されるので、憤りを覚えることになります。

貧困層が経済発展の足かせとなっているというのも、中間層や富裕層の不満です。たとえば中間層のある男性は「中間層は損ばかりだ。富裕層は脱税してちゃんと税を納めないし、貧困層は大した税も納めずに公的扶助を受け取っている」と述べました。すべての富裕層が脱税しているわけではありませんし、貧困層にも税を納め、公的扶助を受け取っていない人はもちろんいます。しかし、一般的に、この男性のような不満の声はよく聞かれます。貧困層が国の発展の足かせとなっていると感じている一方で、ブラジルの中間層・富裕層は貧困層なしでは成立しない生活を送っているのも事実です。

貧困層が家政婦（使用人や運転手など）として働いているのは中間層や富裕層の家庭です。中間層や富裕層の家庭では共働きが一般的です。しかし、治安の悪いブラジルでは子どもが一人で通学することはできず、常に大人による送迎が不可欠です。それでも共働きが可能なのは子どもの送り迎えや食事の用意、家の掃除などの家事の大部分を家政婦が担っているためです。住み込みや通いなど、家政婦の勤務形態はさまざまです。家政婦を雇用するには費用が掛かりますが、格差が大きい社会であるため、日本と比較すると所得に占める家政婦雇用費用の割合は低く抑えられます。しかしこれでは、貧困層の家庭から家事や育児を行う人がいなくなります。このため、家政婦として働く女性の家では、さらに経済的に貧しい北部北東部から人を呼んできて雇うという方法が取られることもあります。不平等な社会においては、一部の人たちは自分のケアを「買う」ことができますが、そうでない人たちはケアを提供することでしか生活を維持できず、それによって家族と自分のケアはままならなくなります。このように、ブラジル国内ではケアワーカーの供給の流れがあります。

下向きの批判

近年、家政婦として家庭で雇用されて就労する人の平均所得は上昇してきています。とはいえ、やはりブラジル社会の中で社会的にも賃金の面でも低く位置付けられた仕事です。人類学者デヴィッド・グレーバーが、著書『ブルシット・ジョブ：クソどうでもいい仕事の理論』（2020）のなかで、社会と仕事の関係について興味深い指摘をしています。研究対象は、ヨーロッパやアメリカ合衆国などのほか、ブラジルや日本も含まれています。彼が「ブルシット・ジョブ（クソどうでもいい仕事）」というのは、決して貧困層の仕事のことではありません。ブルシット・ジョブは、むしろホワイトカラーの仕事のなかによく見受けられるといいます。

グレーバーはまず、１９３０年のケインズの予言を引き合いに出します。「テクノロジーの進歩によって週15時間労働が達成される」というものです。現代社会のテクノロジーの発展を考えれば、十分に実現可能なはずでした。しかし、実際はそうなっておらず、むしろ働きすぎが懸念されています。グレーバーは、生産に携わる仕事が自動化されたことによって工業・農業部門の就労者が減少した一方で、専門職・事務職・サービス業は3倍になり、さらに管理部門などが膨張していると指摘します。テクノロジーは私たちの労働時間を減らす方向ではなく、むしろ私たちを一層働かせるための方法を考案するために使われたというのです。その結果、①自分の仕事が何の役にも立たない仕事と自認する人が４割にも達するという世界になりました。ブルシット・ジョブとは、働いている本人が自分の仕事が何の役にも立たないと認識している仕事を指しています。グレーバーはさらに、②役に立つ意義のある仕事（介護、保育、インフラなど）が低賃金という逆転現象が起きているといいます。他者に寄与する仕事や中身のある仕事をしている労働者が低賃金で働かされて搾取されていいます。介護や保育などの生活に不可欠なケアに携わる仕事は低賃金で、企業の管理職は高賃金の職種です。

ブルシット・ジョブに携わる人びとは、有意義な労働をする人に嫌悪や反感、嫉妬を持つともグレーバーは指摘します。社会に対する不満や現状への不安、怒りの矛先を、「意味のある仕事をする人たち」へと向けて、自分より下の階層の人びとを批判するのです。彼らの仕事がなければ、社会が円滑に回っていかないにもかかわらず。これは私たちの社会の奇妙な風潮です。

「人並み以上に稼ぐこと」の美化

私たちの社会では、生きていくために必要な最低限のものだけを生産しているわけではありません。必要なものの生産が終了したからしばらく余暇を楽しもうとするのではなく、さらに労働して余剰を生み出そうとします。労働それ自体が目的であり、労働自体に意味を見出すような仕事の仕方をしているのです。

そもそも、「人は働くべき」は自然なことかというと、これまでの時代には別の考え方もありました。神話では神様は働きません。「労働は人間への罰であり呪い」だったのです。神話はちょっと古すぎると思うかもしれませんが、貴族がいた社会や植民地時代、奴隷制の時代では、労働とは低い身分の人びとがすることであり、奴隷のものであったのです。労働は必要に応じて行うものであり、美徳ではありませんでした。

私たちの現代社会は、労働を賛美する社会（アレント 1994）へと転換していきました。生存に必要なものを生み出すために労働するのではなく、労働そのものを賛美する社会となったのです。しかも、単に働くことではなく、たとえば日本社会のように過度の労働がむしろほめたたえられることもあります。ひたすら余剰を生み出し財産を蓄えていくために働く人もいます。ときには一生かけても使いきれないようなお金を稼いだ人が称賛されています。労働それ自体が道徳上の価値とされ、過剰な蓄積は熱心な労働の証として評価されています。金銭的報酬を伴う労働こそが価値であるという考え方が、人びとを過剰な労働や過剰な富の蓄積へと向かわせています。そしてこの考え方が、低賃金の仕事に携わる人を低く評価することへとつながっています。仕事の内容ではなく、賃金の額で労働が評価されているのです。

もう一点、私たちの社会での労働の特徴は、「労働」として認められる範囲が限定されており、有償の仕事のみを労働として捉えている点です。家族のなかに家事や育児、介護を引き受けるメンバーがいるおかげで、他のメンバーは仕事や教育に専念できるにもかかわらず、家庭内での無償のケア労働は軽視されています。有償のケア労働も、保育や介護分野は低賃金の仕事です。無償有償問わず、ケアは大きな責任を伴う重労働ですが、社会で十分に評価されていません。現代社会では、ケアの責任は家族という私的な領域に割り当てられています。ジェンダーでいえば、「女性たちはケアに優れている」という言葉で女性に割り当てられています。格差社会では、富裕層は「私は別の重要な仕事をしている」として、貧困層にケアを任せています。ジェンダー、人種、社会階層によって、ケア労働の担い手が偏在しています。ケア労働の視点から公正な社会を考察するトロントは、ケアは本来、社会全体で担うものであると述べています（トロント、岡野 2020）。ケア活動に対する責任を特定の人びとに押し付けず、人の生活に不可欠なケアをどのように評価し、責任を配分していくかを議論することは、社会のあり方を考える上で重要です。

過剰な労働と富の蓄積はますます格差を促進していく力となると同時に、貧しい人を「労働が足りない人」と批判することへとつながります。労働の賛美、収入による仕事の評価、ケア労働の軽視は日本の社会にも当てはまっています。

4 貧困を解決する義務は誰にあるか

機関（政府や援助機関など）への批判

貧困問題の解消を考えるとき、経済が成長すれば貧困は解消されるという意見もあります。はたして経済成長によって、貧困は解決するのでしょうか。ブラジルでは1968年から1974年に「奇跡の高度成長期」がありました。経済は成長したものの、その恩恵を受けたのは主に中上流階層でした。貧困層の生活は一部改善したものの、依然として厳しい生活が続きます。このため、経済は好調であっても格差は改善しませんでした。ラテンアメリカ全体の分析でも、経済成長は貧困を軽減する1つの要因となりうるものの、それだけでは不十分であること、不平等の緩和には経済成長ではなく社会政策と教育水準の向上が必要だということが明らかになっています。特に著しい格差がある場合、経済成長は格差の改善にそれほど効果がありません。

1980年代、ブラジルでは経済が失速しました。「失われた10年」と呼ばれるこの時期に、最も悪影響を被ったのが最貧層でした。2014年の経済の落ち込みのあとも、全所得に占める下位50％の人の所得の割合は低下した一方で、上位10％の人びとではむしろ上昇しました。経済危機は、ブラジル全体にではなく、もともと不安定な生活を営む人びとに悪影響を及ぼしました。経済成長で利益を得るのが中間層や富裕層であり、経済が危機に陥ると生活が不安定な人びとが悪影響を受けています。経済のいずれの動きでも、格差は広がっていきます。

ブラジル人の多くが教育や雇用は格差の解消に欠かせないと考えている一方で、教育や就労における個人の努力だけでは、格差は解消し得ないという認識も持っています。60％のブラジル人が、貧困者が努力したとしても、同じように努力する富裕者のようには成功しないと考えています。個人の努力は、格差解消の突破口にはならないというのです。さらに、ブラジル人の約6割が近年、格差は改善しておらず、今後もしないだろうと考えています。ではこの格差を改善していくための責任者は誰かという問いに対して、約8割の人が格差を解消する責任は行政にあると答えています（OXFAM Brasil 2017）。

ブラジルで行われている政策をみていきましょう。ラテンアメリカをはじめ、格差に改善がみられた国や地域では、積極的な格差改善のための政策が功を奏しました。教育、保健医療、条件付き所得移転制度などです。

近年のブラジルでの貧困政策で最も有名なのがボルサ・ファミリアです。２０００年代のカルドーゾ政権の終盤、ボルサ・ファミリアや、家庭用のガス支援プログラム（*Auxílio-Gás*）などの貧困世帯への公的扶助がありました。しかし、それぞれのプログラムの管轄が異なっていたこともあり、手続きが煩雑で、かつ、全体像がわかりにくいものでした。そこでルーラ政権でいくつもの支給制度を統一してボルサ・ファミリアを作り、貧困世帯への支給を充実させてきました。その後のジルマ政権では極貧層の改善を目標とした貧困なきブラジル（ブラジル・セン・ミゼリア *Brasil Sem Miséria*）プログラムも実施されています。

このように2000年代から、ブラジルの行政は貧困状態の改善のための社会政策を実施してきました。これらの社会政策は貧困の改善に寄与しているともいわれています。ブラジル人の約7割が、富裕層の税金をさらに引き上げて、その分を貧困層の教育、保健、住居の整備に使うべきと答えています（OXFAM Brasil 2017）。格差の改善のために富裕層が今以上の負担を担うことが期待されているのです。

誰が、誰に対して、どの程度

貧困の改善に行政の社会政策は有効ですが、改善への責任を負っている主体は行政だけではありません。非貧困者は、格差の改善や貧困の解消にどのような義務を負っているのを考えてみましょう。

馬渕は著書『貧困の倫理学』で、非貧困者は「飢えに抗う義務」を負うと考える論者たちの議論をわかりやすく整理しています。たとえばシンガーの提案は、娯楽品を購入する経済的余裕がある人は、きれいな飲み水など衣食住に事欠く人びとに収入の1％を寄付する、というものです。それをしないことは、深刻な道徳的不正であると述べます（シンガー　2005）。つまり、自分の生活を損なわない範囲の支援をすることで、支援を受けた人の生活が大幅に改善するのであれば、支援は義務としてなされなければならない、何もしないことはもはや悪だ、といいます。別の論者ポッゲは、他者への加害を控えなければならないのは当然であるとしたうえで、他者の貧困に対してなにもしないこと自体が加害行為だと述べます。何もしないことが加害であると仮定すれば、支援は非貧困者の義務ということになります。いずれの論者も、あなたが財産や余剰を持っていること自体が悪なのではなく、持っているにもかかわらず、他者に注意を向けないことが問題だといいます。もちろん、ノージックに代表されるリバタリアニズム（自由至上主義。全体の平等や安定よりも、個人の自由や自己決定を重要視する考え方です）のように、他者への援助は義務ではないという立場もあります。ノージックは、自分の行為自体に虚偽や違法性がなければ（つまり、詐欺や強盗などで他者から奪い取ったものでないならば）所有物は完全に自分のものだといいます。他者に分ける必要はないし、他者の貧困に対しても責任を負う必要がないと主張します。

シンガーやポッゲ、ノージックは政治哲学や倫理学の領域で互いに議論を交わしています。支援とは、すれば称賛される慈善行為なのでしょうか。もしくは義務なのでしょうか。義務であるとすれば誰に課されるのでしょうか。これらは、格差社会／世界の理解を深めるための重要な議論です。

では、支援すべき範囲はどこまででしょうか。こちらも論者によって異なります。同じ社会の中の不平等だけでなく、対象を広げることが必要だとする論者もいます。遠くの外国人に対しても、同じ国の人に対してと同様に責任や義務を負うという考え方です。シンガーは「自国・自国民」などの所有を表すＭＹ（私の／自身の）は意味を持たない、といいます。絶対的貧困が他国にあるのであれば、自国の相対的貧困よりも他国の改善を優先すべきだ、と主張します。彼が述べているのは社会間（国家間）の正義です。自国の問題を改善するだけでも大変なのに、世界に援助していくとなると範囲が広すぎると考える人もいるかもしれません。優先すべきは（他国より深刻でなかったとしても）自国の貧困であるという論者もいます。ただ、国際協力や国際援助に関心を持っている人には、他国の支援に乗り出すことはさほど不自然なことではないかもしれません。世界中を人や物が行き来し、ビジネスが世界的に展開されている現代では、１つの国の中で物事が完結することのほうが珍しい状況です。他国でのインフラ整備支援を実施することによって、将来的に支援国が利益を得ることもあります。たとえば、日本が支援協力によってブラジルで行われた開発にセラード開発があります。これはブラジル中部の「不毛の地セラード」を農業地帯に変えるプロジェクトでした。日本が実施した支援によって生産されるようになった食糧を輸入することで、日本の安定的な食糧確保に結び付きました（セラード開発については、支援による恩恵が一部の人に偏っているとして否定的な見解もあります）。他国への支援を実施することでその地域の経済が安定すれば、支援国を含む他地域にもメリットがあります。そうした波及効果を期待して、支援が行われています。

ここでも問うべきは、他国を援助するかしないかではなく、「どの程度」するかです。自国の予算のどの程度を割り当てるのか、つまり、自国の経済的負担はどの程度であれば許容され得るのかです。国連は、経済的に余裕のある先進国に対して、国内総生産の0・7%を目標値として国外の援助に割り当てるように推奨しています。これを満たしているのは、北欧などの数か国のみです。シンガーの著書で紹介されている興味深い例があります。アメリカ合衆国が他国の援助のために国内総生産の何%を使っているかを、アメリカ人が予想するという調査がありました。アメリカ人の多くが他国援助に15%から20%を使っていると予測し、適切な援助額は国内総生産の10%程度と答えました。しかし、実際に使われているのは、1%以下でした（シンガー 2005）。実際の援助額よりも大幅に大きい額を他国のために使っているという、自国の対外援助への誤った認識があるわけです。これも、「自分たちの正当な財産がほかの人たちに奪われている」という下向きの剥奪感です。

個人間の援助の難しさ

さて、ここまでは豊かな社会から支援を要する社会への援助、豊かな集団から貧しい集団への援助をみてきました。次に考えたいのは個人から個人への援助です。たとえばブラジルの路上で貧困者がお金や物を乞うような状況です。困っている人がいるなら分け与えたいという気持ちが普段あるとしても、いざ、目の前の物を乞う人に対して施すのは、意外に難しいものです。多くの人が気づかなかったふりをしながら通り過ぎようとするでしょう。見知らぬ人に近寄るのが怖いと感じることもあるかもしれません。子どもにはあげても、大人には何もあげないという人もいるでしょう。普段から積極的に募金活動などの寄付に貢献している人や、「国は税率を上げてでも貧困者を支援すべきだ」と再分配を支持する人でも、目の前の個人を援助することには躊躇してしまうかもしれません。

個人が貧困者に贈与するのはなぜ難しいのでしょうか。私はブラジルで、物乞いや贈与、相互扶助に注目して調査してきました。事例を検証していくと、個人が他者への支援を行わないときの理由として3つの弁明のパターンがあることがわかりました。ここでの弁明とは、援助しない理由です。自分よりも明らかに経済的に困っている人であれば援助すべきという考えは持ちつつも、なんだかんだで、「困っている」と声を上げる他者を援助せずに通り過ぎます。そのときの「なぜ私は彼に援助しないか」という理由のパターンです。ブラジルでの例ではありますが、日本で調べてもほぼ同じような傾向があります。

目の前の困窮者に援助しない1つめの弁明は、貧困者の努力不足や誤った行為を責めることで、非貧困者の責任を逃れようとするものです。たとえば、格差の正当化のために学歴が用いられたりします。

［例1］警備の仕事についている知人について：

「彼は勉強しなかったんでしょう?」

［例2］路上で物を乞う人を見た母親が子どもに：
「ほら、勉強しないとああなるんだよ。」

困窮する人がその状況に陥ったのも、そして経済的余裕がある自分が今の地位にいるのも、それまでの努力の結果であるという考えです。それぞれがこれまでの努力に見合った地位にいるので、豊かな人は正当に得た財産を「努力しなかった困窮する人」に渡す必要はないということです。自己責任論であり、ノージックの考えに通じるものがあります。

学歴を用いた劣位の正当化は、知性レイシズムとも呼ばれます。貧困者は学校での勉強が足りなかったから今の状況にあるとして、貧困者の置かれた状況を正当化するものです。このような学歴による現状の肯定は、同時に（高い学歴をもつ）富裕層自身の所有の正当化にもなります。「私は努力して勉強したから今の社会的地位にいる。正当な行為で得た富であるから、他者に分ける必要はない」という論理です。学歴以外にも、貧困の原因を貧困者自身に負わせることにより、非貧困者の支援の必要性を否定することがあります。「ボルサ・ファミリアのせいで働かなくなる」というように、条件付き現金給付制度を怠け癖の元凶としてみる考えで、これは貧困の責任を貧困者自身に帰すものです。こうした自己責任論が支持される理由として、ヤングは責任免除の働きを挙げています。責任に対する非難あるいは過失モデルの特徴は、特定の行為者（貧困者）に責任を負わせることで、他の人びとの責任を免除します（ヤング 2014）。これに対してヤングは、社会的つながりという責任モデルを提唱しています。これは、現在の構造的不正義に対して負う過去遡及《そきゅう》的な「罪」ではなく、今後、社会の成員一人ひとりが、社会的な構造をより適正なものに変革する責任を負っているという未来志向的責任を指します。

支援を行わないための2つめの弁明は、絶対的貧困基準を用いて相手が貧困であること自体を否定するものです。

［例1］連邦区中心部に居住する女性がある貧困層の家族の話を聞いて：

「彼らの子どもはおもちゃを持っていた。それほど困っていないということだ。」

［例2］街中で物を乞う人と見たとき：

「貧しいというけど、それはお金の使い方を間違うから。」

「（物乞いをするために）ここまで来るバス代はあったのでしょう。」

このような「物乞いはしているけど、本当はそんなに貧しくないいんじゃない？」という言葉もよく聞かれます。目の前の相手の困窮自体を否定することで、支援を受ける資格を否定します。自分のほうが豊かであるために援助するという相対的な貧富の基準ではなく、絶対的貧困基準を設定したうえで、相手を支援の基準に当てはめないことにより、支援の必要性も否定する弁明方法です。

支援を行わない3つめの理由が、貧困者の社会問題化です。物乞いに支援しないときに富裕層がよく使うフレーズに、「いま（物乞い）一人に渡したって、何の解決にもならないだろう」とか、「一時しのぎだ」などがあります。物乞い自身は「今日を生き延びるお金」を求めているのですが、富裕層は「それでは問題解決にならない」と拒否します。このときに非貧困者が述べる「問題」とは、「乞う者が抱える問題」ではなく、「社会が抱える問題」です。富裕層は乞う者を貧困という「社会問題の一部」として考えます。自分と相手とのあいだに社会を想定し、社会の一部としての貧困層、社会の一部としての富裕層として考えています。改善すべきは貧困という社会問題そのものであり、困っている人一人一人に対応することは、社会問題の改善にはつながらない、というのが支援を行わない弁明方法です。

3つの支援しない理由は、ブラジルの事例です。しかしこれはブラジルだけに当てはまるものではありません。私たちも、同じような理由や弁明で、他者を支援しないことを選んでいるのではないでしょうか。日本社会にも貧困があることに気づいていても、または他国で飢餓に陥っている人がいることを知っていても、具体的な行動に出ないことの方が多いでしょう。貧困層と中間層・富裕層は、互いに社会的な距離が遠く、相手の状況を想像し慮ったり、共感したりすることが難しい存在です。社会的な距離が遠いと直接的な支援は困難です。

共感は支援を促すか

そもそも、他者への共感が貧困の改善策に結び付くかは不確かです。『反共感論：社会はいかに判断を誤るか』という刺激的な題名の本では、他者への情動的な共感が必ずしも適切な支援にはつながらないと指摘しています（ブルーム 2018）。情動的共感とは、他者の痛みを自分でも感じる能力です。私たちは、特定の人びとの痛みしか感じることができません。基本的には、自分と似通った人びとの痛みのみを感じることができます。共感しやすい相手には積極的に肩入れすることにより、そのほかの支援が必要な他者のことが見えなくなるというのです。ブルームはこれを「スポットライト」という言葉で説明しています。スポットライトは、特定の場所を明るくしますが、そのほかの空間はむしろ暗く見えづらくなります。共感の弱点もここにあります。近所に住む病気の少女や、実名で報道された犯罪の被害者には多くの寄付金が集まる一方で、外国で起こっている内戦や干ばつなどによる数多くの被害者には寄付は集まりません。特定の顔が見える個人の苦難に対してより強い関心が向けられ、それはほかの１０００人の苦難より重要とみなされます。このような焦点の狭さが共感の危うさです。

他者を支援する動機として必要なもの、社会の成員を連帯へと導くものはなんでしょうか。ブルームは共感を「情動的共感」と「認知的共感」に分け、前者のみを批判しています。後者の認知的共感は、他者が痛みを感じていることを、必ずしも自分では経験せずとも理解する能力のことです。これは道徳的には中立に働きます。イギリス社会を論じたブレイディも共感を2つに分けて論じています。シンパシー（sympathy）とエンパシー（empathy）は両方とも「共感」と訳せます。この2つのうち、後者のエンパシーこそが今の世界に切実に必要なものであると述べています（ブレイディ2019）。

シンパシーとは、相手の苦難を理解して相手と同じように痛みを感じることです。友人が失恋して辛い気持ちでいるときに「その気持ち、わかる！」というのがシンパシーです。友人の失恋の辛さを自分のことのように感じることはそれほど難しくないはずです。しかし、格差社会の底辺にいることの辛さ、経済的に困窮することの苦難を知った非貧困者が「その気持ち、わかる！」と言えるでしょうか。自分が経験したことのない境遇や社会的距離が遠すぎる他者に対して、私たちは「同じように感じる」ことは困難です。「辛いんだろうなぁ」という感情をもって苦難を理解するより先に、「服装も汚れていて、怖い人」という感情をもつかもしれません。自分と前提が大幅に違う他者の痛みを自分のことのように感じることは困難です。他者に対して、自然に湧き上がる共感には限度があるのです。

一方、エンパシーは、相手の置かれた状況を想像してみること、そのための能力です。他者の立場に立つために、他者の状況を理解する能力のことです。相手の窮状を目にして「辛そう」とか「怖い」と判断する前に、相手の置かれた状況を考えようと試みる、そのような能力です。シンパシーが自然に湧き上がる感情であるのに対して、エンパシーは理解しようとする試みのプロセスといえます。他者を理解しようというこの姿勢は、意識すれば身につけることができる能力です。

他者の痛みを理解する能力を用いて他者の困窮の背景を考えることは、必然的に社会の構造に目を向けることにつながります。この社会にどのような不具合があるのかに気づく契機となりうるのです。社会を把握しようとする姿勢を持つことによって、「困窮する他者」が「同じ社会の一部」として立ち現れていきます。他者の姿が鮮明化すれば同時に、社会の一部としての自分自身の姿も明確化され、格差や貧困が、自分に関連する事柄として把握できるようになります。それにより、私たちの社会では正しい分配が行われているのかを考え、より公正な社会となるようにどのように主体的に働きかけていくか、具体的な課題が浮かび上がってくるはずです。

Column

コラム　ジェンダー間の不平等

先進国かそうでないかを問わず、世界各国で男女間の不平等が指摘されています。男性にはある権利が女性には保証されていなかったり、賃金の格差があったり、議員や企業管理職に占める女性の割合が低いなどです。所得に関しては20世紀に不平等の度合いは低下したものの、世界全体で依然として高い状態にあり、所得上位0・1％のグループに女性が占める割合はわずか10％

です（Chancel 2019）。

日本の女子高生とブラジルのジェンダー不平等について話していた時、彼女は「日本には女性差別はない」と言いました。複数の医療系大学入試での男性優遇が明るみに出て問題となっていた時期でした。私が「全くないと思いますか？　仕事や教育の面でも？」と聞きましたが、彼女は「はい。私はこれまで女性だからといって差別されたことはありませんし、日本は男女平等の国です」と答えました。

日本の学校教育の歴史を概観しておきましょう。教育機関はまずは男性に門戸が開かれ、そのあと大幅に遅れながら女性が受け入れられていきました。学校教育は「女子には不要」とされた時代が長くあったのです。中学校就学で男女差がほとんど見られなくなったのは１９５０年代になってからのことです。１９６０年に数パーセントだった女性の高等教育機関の進学率は、１９９０年代以降に大きく伸びていきました。現在の大学における女子学生の割合は約45％で、大学院では30％強です。

社会全体をみても日本はジェンダー・ギャップ指数（世界経済フォーラム）で１５３か国中１２１位という不平等な国です。高校生であるならば世界や日本の現状を知っているべきという声もあるかと思います。しかし一方で、いまの日本社会で生まれ育った女子高校生が、これまで一度も女性だからという理由で行動を制限されなかったというのも１つの事実です。彼女が女性として不利益を感じたことはなかったということ自体、日本におけるジェンダーの不平等がある程度は解消されていることを示しているのではないでしょうか。実際に、ジェンダー・ギャップ指数の分野別でみると、日本を121位に低迷させているのは「政治」と「経済」の分野です。政治を担う議員や民間企業の重役に女性の占める割合が小さいことが、指数が下がる要因となっています。「教育」や「健康」分野ではそれほど順位は悪くありません。一人の女子高校生の日常生活の範囲（「教育」「健康」分野）では、男女の不平等は感じにくいといえます。

教育の機会における男女（ほぼ）平等が実現し、いまの日本社会で生きる女子高生が女性差別を感じなかったのだとすれば、この数十年で目覚ましい進捗があったといえるでしょう。そして男女の平等を当たり前のことと受け止めているこの世代が、ジェンダー・ギャップ指数ランキング121位という日本社会の現状を変えていく中心的役割を果たしていくのかもしれません。

5 社会問題と格差

ブラジルでは、国民の注目を集める論争がいくつかあります。中絶の是非や、人種論争、アファーマティブ・アクションをめぐる議論などです。論争となっている社会問題に対してはさまざまな意見があります。一人ひとりが異なる意見を持っていますが、信仰する宗教や世代、学歴などで賛否には傾向があります。格差を考える本書では、社会階層を説明変数として論争を考察していきます。中絶や人種論争、アファーマティブ・アクションへの賛否に社会階層がどのように関わっているか、社会階層による意見の違いをみていきましょう。コラムではブラジルの邪視信仰を取り上げます。邪視信仰は地域による違いもありますが、ここではやはり、社会階層によって生じる違いを取り上げます。

1 中絶への賛否

日本で人工中絶が国民的な議論を巻き起こすことはありません。近年の日本で中絶が話題になるのは、医療技術の発展によって可能となった受精卵の着床前診断や胎児の出生前診断をめぐる議論においてです。診断によって胎児の障害が判明した場合、障害を理由とした中絶は倫理的に認められ得るのかという問いです。障害を理由とした中絶には「命の選別」であるとか、出生前診断が優生思想的な技術であるとして根強い反対があるものの、中絶そのものの是非が議論の俎上《そじょう》に載せられることはありません。そのためか、日本の法律で認められている人工中絶の条件や実際の件数、中絶の経験のある人びとの年齢層、中絶をするに至った背景などは一般に知られていないのが現状です。

一方、ブラジルでは中絶は政治や宗教の場で頻繁に取り上げられる話題です。大統領選挙では、候補者は中絶への賛否を示すことが求められますし、候補者の意見は有権者の投票行動に多大な影響を及ぼします。これはアメリカ合衆国の状況ともよく似ています。ブラジルでの中絶をめぐる議論を追い、社会格差との関連をみていきましょう。

人工中絶と法

ブラジルでの中絶議論にはいる前に、日本のほか、中絶が近年議論されているアメリカ合衆国と韓国の状況を概観しておきます。日本では法的には刑法212条-216条で堕胎罪が定められており、堕胎した女性と施術した医師・産婆は処罰されることになっていますが、中絶大国と揶揄されたこともあるほど、中絶は一般的に認知されており議論の的になることはありません。第二次世界大戦後、敗戦国となった日本は食糧難のなか増えすぎた人口の抑制政策を推進し、条件を満たせば中絶が可能となる優生保護法が制定されました。1948年、中絶と不妊手術に関する条項が追記され、中絶の規制が緩和されます。その後、49年には経済条項も追加され、子どもの養育に経済的な困難がある場合の中絶も認められることになり、中絶実施の条件はさらに緩和されました。優生保護法はその後、1996年の法改正で現在の母体保護法へと変更され、現在に至ります。

母体保護法はその名の通り、産む女性の生命健康を保護することを目的とした法律です。この法律では、「妊娠の継続または分娩が身体的または経済的理由により母体の健康を著しく害するおそれのあるもの」「暴行若しくは脅迫によってまたは抵抗若しくは拒絶することができない間に姦淫されて妊娠したもの」に該当する場合に、中絶が認められています。経済的理由により生み育てられないという判断は個人の裁量によるものなので、実質的には中絶の実施は高いハードルではありません。つまり、中絶した女性と関与した医師が罰せられるという刑法212条から216条は現在も有効であるものの、母体保護法により前述の条件を満たせば堕胎罪に問われることが免除されるというのが日本の状況です。中絶が最も多かった1950年代は年間約100万件の中絶が行われていました。現在は減少傾向が続いており、年間約16万件です。

アメリカ合衆国では中絶反対派をプロライフ、中絶賛成派をプロチョイスと呼びます。プロライフは生命を重視し、受精卵の段階から人間として尊重されるべきだと考えるため、胚（受精卵が細胞分裂して個体を作り上げるまでの初期の段階を指します）の研究利用にも反対の立場です。プロチョイスは、産む性である女性の選択権を重視します。「いつ、何人を、どのように産むか」は、女性に選択肢として与えられるべきだと考えます。つまり、プロライフとプロチョイスは、子どもの権利と女性の権利のどちらに主眼を置くかで、主張が異なっているのです。アメリカ合衆国では1973年に最高裁が一定の条件下での中絶の自由を認めた判決を出して以来、激しい論争が続いており、「新しい内戦」とまで呼ばれています。中絶を実施しているクリニックなどへの妨害行為や、医師の殺害なども起こっています。規定は州ごとに異なっていて、たとえばアラバマ州は強姦による妊娠でも中絶は認めないという全米でもっとも厳しい中絶禁止法が可決されました。

韓国は先進国の中で数少ない中絶禁止国でしたが、2019年、中絶を禁止した韓国の刑法（1953年制定）は憲法違反であるとの判断を憲法裁判所が示しました。韓国はキリスト教福音派が多く、彼らは憲法裁判所の判断に対して反対を表明しています。

中絶論争は「人間とはどの段階からか」という根源的な問いがあります。卵子と精子から受精卵ができ、細胞分裂により胎児は成長していき、やがて新生児として母親の体外に出ていきます。受精卵から胎児、新生児への成長は一連の流れの中にあり、本来は「ここからが人間」という区切りはつけられないものです。たとえば妊娠22週までを中絶可能とする規定は人間が便宜上、作り出したものです。一人の人間として認めることは、さまざまな権利が発生することを意味します。受精卵からが人間としての権利が生じるという人もいれば、心臓や脳が発達しはじめる段階や、母親が胎動を感じられるようになってから、もしくは出産後に自発呼吸を始めてからなど、考えはさまざまです。母親の子宮にいるうちは、「命ではあるものの、（通常の）人間と同等の権利を有する人間ではない」、という意見もあります。韓国の憲法裁判所も、胎児は子宮内で母親に完全に依存しているため、人間として完全な権利を有するとは言えないとの見解を示しました。中絶論争は、生物学や発生学の議論ではなく、哲学や信仰、文化的生殖観に基づいた議論といえます。このため、さまざまな意見がぶつかりあう社会的な論争となります。生命の捉え方や女性の選択の権利などを含め、その社会において重視されている規範を、中絶論争から読み取ることができます。

ブラジルの中絶論争

人工中絶に関するブラジルの状況は日本とは大きく異なります。刑法（*Código Penal Brasileiro*）

で中絶に関する規定が定められており、124条（1940年）では中絶した女性は1年から3年の刑罰とあります。126条では中絶を施術した第三者は1年から4年の刑罰を受けると規定されており、128条では強姦による妊娠、母体に危険のある場合は例外として中絶が可能と記されています。母体に危険があるとは、そのまま妊娠を継続すれば妊婦の生命が危機にさらされる場合を指します。母体に危険のある場合と強姦による妊娠以外は、中絶は犯罪として処罰の対象となりますので、経済的理由による中絶は認められていません。ブラジルでの正確な中絶件数を把握することは困難ですが、女性の5人に一人が中絶を経験したことがあるという調査結果もあります（Diniz et al., 2017)。中絶は禁止されているものの、珍しいことではないといえます。

プロヴィダ（*Pró-vida*）：中絶反対派

中絶反対派は、神父や牧師など、宗教的役割を担う人が論客の中心です。現在のブラジルでは、母体の危険と強姦の場合は中絶が容認されていますが、プロヴィダの人びとの中には強姦による妊娠の場合でも出産すべきであると考える人もいます。親族に強姦され妊娠した10歳の少女の中絶が認められたケースでは、一部の中絶反対派によって中絶の中止を求める抗議活動も起こりました。

プロヴィダはカトリックやプロテスタントの敬虔な信者に多く、背景には受胎の瞬間から死までは神の領域であるという考え方があります。受胎は神の意志であり、またいつ死ぬかも神が決めることであるので、どちらも人間が操作してよい領域ではないと考えています。プロヴィダが擁護するのは胎児の生存権です。母親のおなかの中にいる胎児も、生まれてからの人間と同様の権利を持つとすれば、中絶は人間の命の権利への侵害にあたります。同時に、胎児の父親である男性の権利を侵害する行為でもあります。医師が中絶に関与することは、本来は神の領域にあるはずの人間の生死を、人間が操作することになり不適切であると主張しています。

近年ブラジルで中絶が刑罰対象であることを再考する動きが出ていることで、プロヴィダによる活動もこれまで以上に活発化しています。胎児の権利保障を求めたデモ行進や、関連法案が出た場合に審議を担当する議員や判事へのロビー活動などが積極的に行われています。

プロエスコーリャ（Pró-escolha）：中絶の非刑罰対象化を求める人びと

アメリカ合衆国のプロチョイス（中絶選択権を重視する人びと）は、女性自身が自分のことを自分で決める権利を持っていると主張します。ブラジルでプロエスコーリャと呼ばれる人びともこの主張を共有しています。しかし、「中絶派（*Pró-aborto*）」と揶揄されることもあるプロエスコーリャの中心的な主張は中絶の合法化（*legalização*）を求めるものではなく、刑罰の対象からの中絶の削除（*descriminalização*）です。中絶の合法化には、すべての人に中絶の権利を認めた上で、中絶できる環境を整えるという意味があります。そうではなく、中絶した人が刑罰を受けることのないように犯罪として扱わないようにするというのが、現在のブラジルでのプロエスコーリャの主張です。合法化と非刑罰化の違いを前提として共有し議論を進めることが重要ですが、ブラジルでのプロヴィダとプロエスコーリャの議論はこの点を踏まえておらず、すれ違っています。

プロエスコーリャは、人間としての権利は受精卵や胎児の段階からではなく、出産後に生じるものであると主張します。母親の胎内では胎児は母親に依存した状態であり、一人の人間として認識されません。重要なのは女性にとってのリプロダクティブ・ヘルス（生殖をめぐる権利）だといいます。現行刑法は中絶を刑罰化することで中絶件数の減少を目指したものですが、現実には年間50万件から100万件の中絶が非合法に行われていると推測されています。中絶が合法化されている国々よりも高い比率であることを考えると、刑罰化は中絶の抑制に役立っていないと、プロエスコーリャは主張しています。

中絶をめぐる近年の動き

2012年、無脳症胎児の中絶が認められうるという判断が最高裁判所から示され、刑法に追記されました。この決定に際して判事は、無脳症胎児の診断は、1940年の刑法制定時には技術的な制約から予測できなかった事例であると述べました。医療技術の進歩によって、妊娠中から胎児が出産後の生存が見込めない無脳症であると診断できるようになりました。この場合は、母親の身体的精神的苦痛を考慮して中絶を認める判断をしました。しかし、この例でも、単に「中絶（*aborto*）」ではなく「（母体保護の観点から）必要な中絶」、「治療としての中絶」、「早期出産」といった言葉が使われています。あくまでも一般的な意味での中絶とは異なることを明確にしようという意図が読み取れます。4年後、中絶に関与したクリニック関係者が逮捕された際には、判事は、妊娠12週（妊娠3か月）までの中絶を処罰の対象から外すべきとの見解を示しました。2018年には中絶の非刑罰化をテーマに公聴会が最高裁判所にて開催され、プロヴィダとプロエスコーリャ双方の立場の研究者や法律家、宗教家などが意見を述べました。このような見解が公的に示されるようになったものの、中絶は現在も刑罰の対象のままです。

法的な側面から今後どのような方向性に進むのか、議論が活発化するなかで、一部の過激なプロヴィダがプロエスコーリャの活動家を脅迫するという事件が起こりました。そのため、プロエスコーリャの活動家のなかには国外への退避を余儀なくされた人もいます。中絶はブラジル社会にとって論争を巻き起こす問題であるがゆえに、自身の立場を明確に示すことを避けることもあります。プロヴィダの団体で活動しているある大学教授は、資金提供をしてくれる企業や団体は国内外にあるものの、多くの場合それらの企業は支援していることを公にすることは望まないと述べています（El país 2019）。中絶は、ブラジル社会が強い関心を持って動向を注視する論争であると同時に、センシティブな話題でもあるのです。

中絶論争をめぐる社会格差とジェンダー

ある調査では、ブラジル国民の57％が「中絶を犯罪とすべき／中絶した女性は刑務所に入るべき」と答えています（Datafolha 2018）。高等教育を受けた人（大卒以上）だけをみると34％、10最低賃金（法定月額最低賃金の10倍の収入）以上の収入を得る人では26％となっており、高学歴、高収入であるほど中絶犯罪化に賛同する人が少ない傾向にあります。一方、中絶を犯罪として扱うべきと考える人びとは、学歴と収入が低く、また年齢層が高い傾向があります。最終学歴が初等教育（小卒・中卒）までの人のうち71％、2最低賃金以下の収入の人のうち67％が中絶に反対しています。

中絶反対派には低所得者層が多い一方で、中絶が犯罪とされていることで不利益を被っているのもまた、低所得者層です。中絶が犯罪であるため、望まない妊娠をしても中絶手術を受けられる正規の医療機関はありません。医療機関で高額の手数料を支払ったうえで非合法の手術を受けたり、薬を入手できるのは富裕層や中間層に限られています。ブラジル国内で手術をできる場所が見つからない場合、海外で手術を受ける人もいます。しかし、貧困層の女性はそういった選択肢はありません。貧しい女性たちが受けられるのは安価で、しかも非衛生的な中絶手術です。このような危険な手術が横行しているために中絶手術による妊婦の死亡率は、中絶が合法の先進国よりはるかに高くなっています。ブラジルでは妊婦の死因の第4位が中絶手術です。中絶が原因で死亡する妊婦の多くは貧しく低学歴の女性たちであり、白人女性よりも貧しい黒人女性のほうが中絶による死亡率が高くなっています（Cardoso et al. 2020）。強姦による妊娠は中絶が認められていますが、強姦を理由に合法的に行われた中絶手術の件数は、強姦による妊娠の可能性件数よりも極端に低くなっています。中絶を望まなかった事例もあると推測できますが、中絶の権利があると知らずに手術を受けなかったケースや、強姦されたと主張することで加害者から報復されることを恐れて合法的なプロセスを行わなかったケースもあります（Ionova 2020）。非合法の危険な中絶手術を受ける女性たちの多くは、医療や教育、情報へのアクセスが限られている貧困層の女性です。また、ブラジル人の約4割が強姦による妊娠であっても中絶は禁止すべきと考えているので、こうした社会通念も合法的な中絶手術の手続きを躊躇させる要因となっています。

プロエスコーリャが中絶を刑罰の対象から外すべきだとする理由の1つは、貧困層が闇の中絶手術しか受けるすべがなく、死亡率も高いという、社会格差による不公平な状況があるからです。もう1つの理由として、貧困層のみが中絶を理由に逮捕されているという点があります。法律上は中絶をしたすべての女性（そして中絶手術を執刀した人）が刑罰の対象ですが、現実には中絶を理由に逮捕されるのは貧困層が中心です。その理由の1つは貧困層が公的な医療機関を受診するためです。ブラジルは公的な医療機関（統一保健医療システム）は無料で受診することができます。しかし医療サービスに必要な機材や薬剤、人材などが慢性的に不足しているために、診察まで時間がかかったり、適切な医療が受けられないことが問題となっています。そのため、経済的に余裕がある人びとは保険に加入し、サービスの質が高い民間の医療機関を受診します。民間の医療機関を受診する経済力がない貧困層は、適切な処置が迅速に行われないことの多い無料の公的医療機関に頼らざるを得ません。危険な闇の中絶手術後に体調を崩した女性が公的医療機関に行き、そこで診察した医療関係者から中絶の疑いで警察に通報されるなどのケースがあります。調査によって、中絶自体はすべての社会階層の女性が行っていることがわかっています。しかし、強姦の場合に中絶が可能であることを知らなかったり、闇の中絶手術の危険性についての知識がないなど、適切な情報にたどり着くことができないのは貧困層です。貧困層が危険な中絶をし、それを理由に貧困層のみが刑罰の対象になるという現実に対し、改善を訴える声があがっています。

中絶論争から見えてくるもう1つの格差がジェンダーです。ブラジルも日本と同様に、男女の格差は依然としてあります。近年は改善傾向にあるものの、依然として女性の給与所得は男性よりも低いままです(IBGE 03.08.2019)。女性の方が家事労働に当てる時間が長いために労働時間が短いこと、1時間当たりの給与が男性よりも低いことが要因です。しかし、都市部の中上流層では女性も男性も同じように高等教育を受け、公的機関や民間で活躍している人が多くいます。ジェンダー・ギャップ指数は世界の平均値よりも上位です。男女の不平等はそれほど感じられず、少なくとも、日本よりも女性が仕事上のガラスの天井を意識せずにいられる状況です。

一方、都市部の貧困層や農村部では意識が異なっており、男性優位の風潮があります。妻や娘が自由に外出することを男性が制限したり、男性のみが街角の飲食店に集い、女性たちは家の前で近所の人と話すという風景は、ブラジルの貧困地域でよく見られます。都市部の困窮者保護施設で調査する人類学者は、貧困層のジェンダー規範を「ありとあらゆる点で男性が女性の人生を所有している」(ビール 2019)と表現しました。ジカ熱流行時も、女性への負担が課題となりました。貧しい地域の家族にとって、ジカ熱に感染した母親から生まれた小頭症の障害を持つ子どもを育て、子どもの発育のために早期療育の機会を与えるのは容易ではありません。小頭症児のケアも、多くは母親、叔母(伯母)、祖母など、主に女性が担っています。女性に負担が集中し、就学や就業などの機会が失われやすい状況を打開すべく、女性の権利の尊重を求める活動が活発化しています。中絶論争も、こうした女性の権利運動の一部として展開されています。

2 ≫ ブラジルの人種論争

世界全体でも、人種による格差は依然として存在しています。ヨーロッパではムスリムの名字の人はほかの姓よりも労働市場で4倍も不利な状況(Chancel 2019)だったり、アメリカ合衆国では黒人に多い名字の応募者は就職試験に落ちる確率が白人より高いといいます。このように、人種や出身地による差別とそれによって生じる格差は世界が共通して抱える問題であり続けています。人種問題が存在するとの共通認識がある一方で、人種という表現自体が政治的に正しくないとして、使用を控える動きもあります。人種という言葉自体がすでに議論を呼ぶものなのです。

ブラジルでは人種差別よりも、社会階層や経済的格差による差別のほうが問題だという人もいます。確かに、アパルトヘイトのような法律に基づいた肌の色による居住地域の住み分けはなく、所得差による住み分けが一般的です。ブラジルには露骨な人種差別はないという主張もよく聞かれます。比較の対象となっているのは、アメリカ合衆国です。アメリカ合衆国で奴隷解放宣言が出されたのは1863年のことでした。奴隷が解放されたものの、人種隔離政策は続き、黒人差別を正当なものとみなす条例は1964年まで存在しました。バスなどの公共交通機関では、白人専用席と黒人専用席が分かれており、白人専用席が満席になれば、黒人は白人に座席を譲らなければなりませんでした。そういった法で認められた差別は不当だとして、有名なマーティン・ルーサー・キング牧師が主導し、人種間の平等を求める運動が展開され、差別的な条例が撤廃されていったのです。

ブラジルでは、アメリカ合衆国にあったような法的に容認された人種差別はありませんでした。アメリカ合衆国よりも混血が一般的なこともあり、「ブラジルには人種差別はない。誰もが親族に黒人がいたり、先住民の血が混ざっているから」という表現が受け入れられているのです。しかし、人種が現在のブラジル社会を理解するために重要な概念の1つであることも確かです。貧困層のすべてが黒人ではありませんが、貧困者のうち約7割が黒人・混血といわれています。一方、社会的経済的地位が高い層は白人が多数を占めています。高級レストランに行けば、サービスを受ける側は肌の白い人が多く、サービスを提供する側は肌が褐色や黒い人が多いことに気が付きます。大学のキャンパスやカーニバルの有料観覧席でも、同じ傾向があります。

国勢調査などの人種に関する項目は、調査を受ける人自身が白人、混血、黒人、黄色人種、先住民のなかから当てはまるものを選ぶ自己申告制です。国勢調査によると、現在のブラジルでは白人は約45％、黒人は約9％、混血は約45％、先住民と黄色人種はそれぞれ1％前後です。1940年代には約6割が白人と回答していたので、黒人・混血と答える人の割合は増加しています。白人の割合が平均より高いのは南部南東部で、黒人の割合が高いのは北東部、混血は北部北東部です。

各社会階層の人種割合はどうでしょうか。富裕層の人種の比率は、ブラジル社会全体の人口比と同じではありません。ブラジリアの富裕地域では白人を自認する人が80％以上を占めます。貧困地区では黒人や混血を自認する人が多くなります。貧困ライン以下の暮らしをしている人びとの7割が黒人・混血です。

白人の平均所得額は、黒人や混血の平均所得額の約2倍です。この差は改善傾向にあるものの、依然として大きいままです。黒人・混血の所得が低い理由の1つは、黒人のインフォーマルセクターでの就労者が約半数に達することです。白人のインフォーマルセクター就労率は約3割強にとどまっています。2019年の失業率は白人が9・3％のところ、黒人・混血は13・6％でした（IBGE

2020)。

住環境（家の材質やトイレの有無など）では、不完全な住環境で暮らしている黒人・混血の割合は白人の約3倍です。上下水道の未整備やごみ収集の公的サービスのない地域に居住している人びとの割合も黒人・混血が高くなっています。

ブラジルの人種論争の歴史

ブラジルで人種による格差があるにもかかわらず、なぜ人びとは人種差別を否定する発言をするのでしょうか。まずはブラジルの人種論争の歴史を紐解いてみましょう。

19世紀から20世紀のブラジルにおける人種概念をめぐる言説は、４つの段階がありました。１つめは、19世紀前半の先住民の理想化、２つめが19世紀後半の人種の生物学に基づく認識、３つめが20世紀前半の文化化による異種混交の肯定、そして、20世紀後半の人種問題の政治化です（古谷　2001、矢澤　2019）。

19世紀前半、ブラジルはナポレオン軍に追われてブラジルに亡命してきたポルトガル王室によって独立への足がかりをつかみました。１８２２年にポルトガル王室のペドロ一世がブラジル皇帝として独立を宣言します。つまり、この時代のブラジルでは、上流階層や知識人はポルトガル人でした。当時の人種をめぐる言説は、先住民の理想化に代表されます。美しく生き生きとした自然環境と、「自然と見事に調和し共存する先住民」が国家の象徴として取り上げられたのです。特に当時の絵画には大自然の中で微笑む先住民や、海岸に立つ先住民の美しい少女などが題材にされていました。しかし現実には、ヨーロッパ人の持ち込んだ病気や「インディオ狩り」によって、先住民の数は激減し衰退期に入っていきました。「先住民の理想化」は、先住民の現状や生活などを理解していない上流階層によって行われていったのです。

奴隷貿易が行われていた16世紀から19世紀後半に至るまで、大西洋奴隷貿易でアメリカ大陸に運ばれたアフリカ人奴隷のうちの4割以上がブラジルへ到着しています。３００年以上続いた奴隷制の廃止は１８８８年で、世界的にみても遅い決断でした。奴隷交易の禁止（１８５０年）と奴隷解放によって、約３５０年続いた奴隷制が終わりました。この頃から、ブラジルでは国民としての黒人の存在が問題視されはじめます。ヨーロッパ思想の影響から、実証主義や進化論がとりいれられ、人種を「科学的」「生物学的」に考えようとする動きが出はじめます。当時の知識人たちは、国民と社会は人種によって階層化できるとし、「科学的」な見地から、白人は非白人より優秀であると主張していました。「熱帯」「黒人」「混血」の要素を持つブラジルは、ヨーロッパとくらべて、「科学的」に劣っていると考えたのです。

ブラジルの人種イデオロギーの二本柱が、「白人化（*Branqueamento*）」と「人種民主主義（*Democracia Racial*）」です（テルズ　2011）。「アメリカ合衆国は混血しないことで白さを保ったけど、ブラジルは人種混淆することで白くなろうとした。結果的には、全員が黒くなったけどね」というのは、私がブラジル留学中に聞いた社会学者の言葉です。ブラジルをヨーロッパに肩を並べるエリート国家とすることを目指していた知識人たちは、ブラジルの黒人と混血の問題を「解消」する方法として、「白人化」を広めます。新世界であるブラジルに旧世界を再現するため、ヨーロッパ系の移民を推奨しました。ドイツ、ポルトガル、スペイン、イタリアからの移民が望ましい移民とされました。この政策の下、アフリカやアジアからの移民が制限され、ヨーロッパからの移民に優遇措置が取られます。これにより、ブラジルの「モンゴロイド化」「黒人化」を防ごうとしたのです。

19世紀終わりにかけて、「科学的な」人種主義が陰りを見せる頃、黒人や黒人文化（宗教）などに関する研究が本格的に始まり、新たな方向性を模索していきます。生物学的人種カテゴリーによる黒人の劣等であるという主張は説得力を失い始め、地理的環境や教育レベルなどが、分析において重要視されるようになりました。

ブラジルでは、この時代に知識人の間でブラジルの国民性をめぐって激しい議論がありました。エリートたちがヨーロッパを追い求めつつも、「ヨーロッパに負けないブラジル性」の確立を強く意識しだした時期です。それまでエリートたちはヨーロッパ（主にフランス）に留学して学んでいましたが、１９３４年、サンパウロ大学が創立されます。

サンパウロ大学創立に加わるため、「知の巨人」レヴィ＝ストロースがブラジルへ渡ってきます。

『悲しき南回帰線』のなかで、レヴィ＝ストロースは１９３０年代のブラジルを回想し、ブラジルのエリートといわれる人びとが、ブラジル奥地にいる先住民の存在が話題になることを非常に恐れていたと述べています。ブラジルのエリートたちは、レヴィ＝ストロースに対し、「インディアンがみな消え失せてしまってから、もうずいぶん年月が経っていますよ。（中略）ただの一人も見つからないでしょう」（レヴィ＝ストロース 1985：71）と宣告しています。当時のエリートたち、特にヨーロッパとの関係を持つエリートにとっては、ブラジル国内の先住民の存在は恥ずべき負の要素として考えられていました。

移民受け入れと「ブラジルらしさ」

移民についても触れておきましょう。ブラジルはさまざまなルーツを持つ人びとがいるため、世界各国から移民を自由に受け入れたというイメージがあるかもしれません。しかし、移民政策にかかわっていたエリート（知識人や商人、農場主など）の議論をみていくと、「誰がブラジル人にふさわしいか」や「どの国からの移民がブラジルを向上させうるか」をめぐって活発な議論が交わされていたことがわかります。新規の移民に対しては「ブラジル人ではない」とか「ブラジルの社会的進歩を妨げる」などの言葉が突きつけられることもありました。特に中国人やレバノン人、日本人など、非白人・非黒人の移民受け入れに際しては、批判的な論調も強かったのです（レッサー 2016）。「ブラジル人とはなにか」という問いのもとに移民を選別しながら、現在の多様なルーツを持つブラジルへと変わってきました。

歴史からわかるように、ブラジルで黒人や白人、それ以外の移民が平穏に共存してきたというわけではありません。しかしそれでも、「ブラジルは人種的に寛容である」という考えがある程度、国民に共有されています。理由の1つは、先ほども述べたアメリカ合衆国との比較です。人種差別はあるものの、アメリカ合衆国のような差別とは違うという意味があるからです。

人種混淆と人種問題の政治化

1920年代以降、ブラジルのエリートたちはそれまでネガティブに捉えてきた先住民や黒人の存在や人種混淆を、ポジティブに転換しました。それまでヨーロッパと同じようになることを目指してきたブラジルでしたが、ナショナリズムの高まりとともに混血を肯定的に捉え始めます。1933年に出版された『大邸宅と奴隷小屋』は、人種の調和的関係がブラジルらしさの1つであると論じました（フレイレ 2005）。社会学者フレイレが唱えた「人種民主主義」という考え方は一般社会にも受け入れられ、1970年代まで（1990年代初頭まで、という研究者もいます）信奉されました。ブラジルという国家が3つの人種（先住民、白人、黒人）の混淆であるという発想は政治プロパガンダに用いられ、定着していきます。混血が肯定的に考えられるようになっていったのです（古谷

2001、テルズ　2011、矢澤　2019)。知識人は、３つの人種（先住民・黒人・白人）の混淆をブラジルらしさ（*Brasilidade*)、ブラジル文化の特色とすることを追い求めてきました（数としては圧倒的に少数である先住民は、ブラジルの国民的アイデンティティを語るさいには象徴的な存在としてのみ参照されるようになっていきます)。マジョリティである黒人と白人、そして移民（ヨーロッパ系、非ヨーロッパ系）が、時にぶつかり合いながらブラジルらしさを作り出してきました。統合や同化ではなく、多様性を維持しながら、現在に至っています。

20世紀後半は人種問題が政治化していきます。ブラジルらしさを追求するナショナリズムとともに受け入れられた人種民主主義の思想でしたが、現実のブラジル社会と一致しないことから、徐々に異議を唱える人びとも出てきました。１９８０年代ごろからは人種差別の存在を訴える動きが活発化し、黒人運動の組織も強化されました。１９９０年代以降、軍事政権の圧力のために実施されていなかった人種に関する研究が盛り上がりを見せ、統計などを用いた人種的不平等の調査が進みます。それにより人種をめぐる実体が明らかになり、２０００年代からは差別解消に向けた具体的な方策が始まります（テルズ　2011)。たとえば、格差是正のための黒人に対する優遇制度アファーマティブ・アクションです。歴史的産物である人種による格差は、２０００年代以降、解決すべき、積極的に対応すべき社会問題としてようやく認められたといえます。

3 アファーマティブ・アクションをめぐる議論

アファーマティブ・アクションの目的は、社会的に有利な地位についている集団と、不利な立場の集団との間の格差を是正することです。集団間の有利不利が、社会構造に起因するものであるときに実施されます。制度としては、大学の入学試験や公務員や民間の人材採用枠の割り当て、政党の議員候補者の割り当てなどがあります。採用枠の一定の割合を特定の集団に割り当てるというものです。テレビドラマや宣伝ポスターなど、メディアでも同様の措置があり、黒人や非白人が積極的に起用されます。いずれも、入学者や議員の割合を、人口の割合に合わせる、もしくは近づけるというのが基本的な考え方です。たとえば、黒人が人口の4割を占めているにもかかわらず、現役議員に占める黒人の割合が1割であった場合、4割まで近づけることを目標とします。州立大学や地方議会などでは、国全体の人口割合ではなく、その地域の人口割合に合わせます。北東部と南部では、白人と黒人、混血の割合は異なりますので、それぞれの地域の人口割合が参考にされます。

1990年代、ブラジルにはアファーマティブ・アクションに対する抵抗感がありました。ブラジルには他国のような激しい人種差別はないと考える人びとは、人種によるアファーマティブ・アクションに反対し、黒人を優遇するよりも経済的格差是正のために貧困層を優遇すべきだと主張します。アファーマティブ・アクションを実施するには、優遇される集団を明確に線引きする必要があることも問題視されました。黒人や混血など特定の集団を定義することは、人種混淆に反し、人種間の分断をこれまで以上に深めるという意見が根強くありました。

反対意見はあったものの、人種間の格差は明らかだったため是正の必要性は徐々に認められていきました。1990年代後半から、黒人向けの大学入試対策講座などが大学や行政によって提供され始め、2000年代からは、複数の省庁で黒人を対象としたアファーマティブ・アクションが実施されます。2003年のルーラ政権誕生後、閣僚や裁判所の長官などの主要ポストに黒人や混血がこれまで以上に起用されるようになりました。人種平等推進特別庁（SEPPIR）が創設され、人種的不平等や貧困の改善が主要政策の1つになります。

2010年には、機会や権利の平等、差別の撤廃を目指す、人種平等法規（*Estatuto da Igualdade Racial*）が制定されました。アファーマティブ・アクションは、ブラジルの社会に存在する黒人と非黒人の大きな格差を縮めるために不可欠であるとして、公的機関の研修や公務員採用で人種に応じた採用枠の割り当てをするよう定めています。ちなみに、障害者を対象とする雇用での割り当て制度は、1991年に法律が制定されており、従業員100人以上の会社では、従業員の2%から5%を障害者の枠とするよう定めています。

大学でのアファーマティブ・アクション

大学入試での人種割り当て制度の採用は、2010年代から本格化します。2016年には教育省の省令として、公立大学や教育機関に対して、黒人、混血、先住民、障害者に対するアファーマティブ・アクションの実施が提言されています。大学入試でのアファーマティブ・アクションは人種に応じた割り当てだけではなく、「社会的な割り当て（*Cota Social*）」、つまり経済的に厳しい学生を対象としたものもありました。主に、公立高校出身の学生枠です。ブラジルの公立大学は学費が無料で、質の高い教育を提供します。しかし、難易度が高いため、そこに入学する学生は私立の小中高校に通っていた裕福な学生がほとんどです。公立の小中高校は教育の質が高いとは言えず、教職員のストライキなどで授業が中断することも珍しくありません。十分な学力をつけられないため、公立大学の受験に合格することは困難です。私立大学は学費が高いため、経済的に困窮している家庭では大学進学をあきらめざるを得ません。このため、アファーマティブ・アクションの1つとして、公立高校出身者への割り当てがあります。リオデジャネイロ州では2000年に入学者の50％を公立高校出身者とすること、2001年には州立大の40％を黒人・混血に割り当てることなどが議会から発表されました。何度か変更されたのち2018年に、20％を黒人（混血ではない）・先住民・キロンボ出身者に、20％を公立高校出身者に、5％を障害者に割り当てるという方針が立法議会から出されました（キロンボとは、奴隷制時代に過酷な労働から逃れた黒人奴隷たちが形成した集落のことです。奴隷制の社会システムとは異なる、自由民の社会、自給自足経済、民主的な意思決定などを基盤としたコミュニティでした。現在、住民の多くは低所得者です。キロンボの集落はブラジル全土に六千か所あると推定されています)。

さまざまな集団を対象としたアファーマティブ・アクションのうち、最も議論を呼んだのは、公立大学入試での人種割り当て制度でした。大学でこの制度を導入した目的は、ブラジルの人種的不平等の是正や、非白人の社会的流動性(社会的上昇)の推進です。教育の面で、人種間の格差が依然としてあるからです。近年の教育政策の結果、25歳以上の中等教育(高校)修了率も約40%にまで上昇し、非識字率(読み書きのできない人びとの割合)も6・6%(15歳以上)にまで低下しています。しかし、人種や地域による格差は残っています。白人だけを対象にすると非識字率は3・6%、黒人・混血では8・9%です。ブラジル全体の識字率や就学率に改善は見られるものの、人種による格差はいまも続いています。黒人・混血の割合が高い北東部では13・9%、白人の割合の高い南部南東部では3・3%となっています(IBGE 2019)。ブラジル全体では約17%が高等教育を受けていますが、白人では約25%、黒人・混血では11%です。大学院への進学となると、黒人・混血の割合はさらに少なくなります。

25歳以上の高等教育修了者のうち、64%が白人、34%が黒人・混血です(IBGE 2019)。今も不均衡はありますが、公立大学の学生の過半数を黒人・混血にする目標は、2018年に初めて達成され、50・3％となりました。ブラジル全体の人口比約56％にかなり近づいたことになります。このように、公立大学の全教員や全学生に占める黒人・混血の割合は上昇傾向にあり、これは、公立大学で実施されているアファーマティブ・アクションの成果と考えられています。

大学院での人種割り当ては２０１５年にゴイアス連邦大学が公立大学として初めて実施しました。黒人・混血・先住民の割合を少なくとも定員の20％にするというものです。その翌年、教育省が公立大学に要請を出しています。将来的に大学教員となる大学院生の人種構成が是正されることにより、今後、大学教員の人種比率が人口比率に近づいていくことが期待されています。現在の大学教員の人種構成は、公立・私立大学で教員として教壇に立っている約40万人のうち、黒人・混血は16％です(Moreno 2018)。10年前よりは増加傾向にあり、私立よりも公立大学のほうが黒人・混血の割合が高く、人種間の不均衡は小さくなっています。

アファーマティブ・アクションへの賛否

特定の人種に入試定員を割り当てる制度に対して批判もあります。1つは、特定の集団を優遇することは「法の下の平等」に反するという、いわゆる逆差別を指摘する意見です。これに対して制度を支持する人びとは、「法のもとの平等」を実現するためのものだと述べます。すべての国民は法の下に平等であると憲法は定めているものの、現実のブラジル社会はそのようになっていません。白人が多くを占める富裕層がブラジルの富の多くを所有しています。教育や医療の機会も平等ではありません。このような現状を改善するための1つの策としてアファーマティブ・アクションがあるため、この制度は憲法に則ったものだと主張します。

制度に反対する人びとは、人種概念そのものにも疑問を呈します。人種はそもそもはっきりと区別できるものではないので、「あいまいな人種概念」によって重大な物事を決めてはならないというものです。あいまいな人種という考え方とは、どういうものでしょうか。ブラジルは白人と黒人の結婚、その子どもと先住民の結婚など、混血が一般的であるために「純粋な黒人」とか「純粋な白人」などの分類は不可能だとよくいわれます。たとえば父親が黒人、母親が白人で、その長男は肌の色が白く、次男は肌の色が黒いとしましょう。この場合、兄弟ともに黒人なのでしょうか、白人なのでしょうか、それとも混血なのでしょうか。この問いへの答えは人によって異なり、統一の答えはありません。となれば、人種という概念を使って入試枠を定めることは適切ではないと反対派は述べます。アメリカ合衆国では過去に「ワンドロップ・ルール」(1滴の黒人の血が入っていれば、黒人とみなす考え方です。法的には、16分の1、つまり曾祖父母までの直系血族に黒人がいれば、黒人と規定されました。)という考え方があり、人種に関してはいわゆる「血統主義」をとっています。一方で、ブラジルは両親や祖父母、曾祖父が黒人(白人)だったかというよりも、その人自身の肌の色や身体的特徴で判断することが一般的です。調査対象者の人種に関する自己認識を尋ねる公的な調査でも、「人種（*raça*）」とともに「肌の色（*cor de pele*）」という言葉が使われています。

人種はそれぞれの社会が作り出したカテゴリーです。先ほどの兄弟の例では、アメリカ合衆国であれば2人とも黒人とみなされます。ブラジルでは兄は白人、弟は黒人とみなされるでしょう。混血の人の中には、収入や教育水準があがると、混血から白人へと自己認識を変更する人もいるという調査結果もありました。アメリカ合衆国とブラジルの人種認識が異なっているように、人種概念は社会的・文化的なもので、社会によって線引きは異なります。大学入試でのアファーマティブ・アクションに反対する人びとが人種のあいまいさを指摘するのに対し、賛成派は国勢調査や各種の調査で人種割合の統計は出ている、と反論します。黒人として割り当て制度を利用して受験する場合、大学側が写真や本人との面談等で、その枠に当てはまるかどうか審査します。本人の認識と周囲の認識が一致すれば、その人を「黒人」「混血」「白人」と分類することは可能ではないかというわけです。

特定の人種を優遇するのではなく、貧困層のみを優遇するべきだという声もあります。人種ではなく公立高校出身者や世帯収入の低い家庭出身者を優遇するべきというものです。貧困層に黒人・混血が多いとはいえ、白人の割合も小さくはありません。それであるならば、所得を基準に定員を割り当てるべきという意見もあります。これに対して、制度賛成派は貧困層への教育支援の必要性は認めつつも、大学で割り当て制度を行う目的の一つは、社会の底上げではなくエリート層の黒人割合を引き上げることにあるといいます。貧困層の底上げであれば、初等教育や中等教育の改善が重要です。高等教育機関である大学が実施するこの制度は、高い社会的地位の人びとの間の人種的不均衡の是正が目的です。同じ高学歴であっても、白人の所得は黒人・混血の1・5倍（IBGE 2020）という現状を変えるための制度です。

大学の入試定員における人種割り当て制度は、ブラジルが抱えるすべての社会問題への解決策ではありません。社会を動かす力を持ちうる中間層や富裕層の黒人割合を増やすことで、今後のブラジル社会全体の人種問題の改善を試みるものです。

アファーマティブ・アクションが社会的な議論を巻き起こすのは、それほどひどい人種差別はブラジルにはないと信じたい人びとに対して、人種差別の現実を突きつけるものだからです。ブラジルに今も根付く人種民主主義の概念や、「人当たりのいい人種差別／誠実な人種差別（*Racismo Cordial*）」と呼ばれる風潮も影響しています。さまざまな意見が飛び交う人種によるアファーマティブ・アクション論争は、ブラジルの人種問題とその背景の複雑性を現しています。

Column

コラム　邪視信仰と社会階層

邪視は英語で'evil eye'と呼ばれ、世界各地にある信仰です。他者やその所有物を羨ましいと思う人が、他者や所有物に損害を与えるという考え方です。呪術は道具（動物の肝や希少な植物、釘など）や複雑な手続き（一子相伝の呪文など）を必要としますが、邪視は他者に対して「あなたはかわいい子どもですね」とか「その時計は素敵ですね」「いい木ですね」と、誉め言葉をかけるだけです。その誉め言葉と放たれる視線が、物や人に危害を加えると考えられています。呪術を操る人びと（呪術師や魔女など）のような偉大な力の持ち主とは違い、邪視持ちは「厄介な力を持って生まれてしまった人」として受け止められています。邪視の被害に遭うことは、日常生活のなかでのささいな災難なのです。

ブラジルの邪視信仰の存在は、邪視除けというかたちでみられます。邪視除けの典型的なものとして、屋内や食堂などに掲げられた壁掛や張り紙があります。大衆食堂のレジに張り紙があり、「もし私たちがうらやましいと思うなら、私たちと同じようにしましょう。働くことです」と書かれていたりします。北東部のある家庭では、「嫉妬しないで、私はただ働いているだけだから」と彫られた木製の壁掛が掛けられていました。これら日常の邪視事例は、貧困地域でみられたものです。富裕地域での邪視はこれと比べると可視的ではありません。貧困地域と富裕地域で語られる邪視の特徴をみていきます。

貧困地区での典型的な事例を紹介します。ある路上市場での出来事です。露店主が売り子たちのためにスイカを買ってきました。露店主は、スプーン2本をスイカに添えて、「食べなさい」とその場に居合わせた者に声をかけました。12歳の売り子がスプーンで掬いながら食べ始めました。少し離れたところにいたお母さんのために、売り子はスプーンで大きめにスイカを掬い、お母さんのほうに向かいました。露店主ともう一人の売り子に「見ないで、見ないで。見たら落ちちゃう」と笑いながら。そのあと、再びスイカのところに戻ってきて自分のためにスプーンで掬いましたがその瞬間、掬ったスイカが床に落ちてしまいます。露店主はそれをみて「私は見なかったわよ」と、笑いながら売り子に言いました。売り子は「私が自分で見たの」と笑い、露店主は「ひどい『太った目』ね」と言いました。露店主や売り子は、視線によってスイカが落ちて食べられなくなると考えています。邪視に対するこうした認識は、居合わせた人びとの間で共有されていました。

貧困地域では、目や視線、言葉によって被害がでると考えられており、目や視線それ自体に力があると語ります。最も多い被害例は植物が枯れるという事例です。被害が起こるのは主に同日か翌日で、被害者はたいてい、視線を受けた時点で被害が起こることを予測しています。「ああ、今あの人に見られたからね。もうすぐ枯れてしまうよ」というように。家畜やペットが体調を崩したり、調理中の料理が失敗したり、子どもが風邪を引く例などにみられるように、被害を受ける対象は所有物や小さい子どもです。被害は深刻なものではなく、邪視を放つことと攻撃を受けることそのものが一種の遊びとして受け止められています。

富裕地区の邪視信仰をみていきましょう。邪視除けの張り紙や壁掛をしている家はあまりありません。邪視に対する語り方もまた、貧困地区のものとは異なっています。ブラジリア連邦区中心部に住むラウラは、国立大学卒で水道会社に勤めています。卒業前から友人とシェアしていた部屋を出て、アパートを購入することにしました。しかしアパート探しは困難を極め、手続きも何度も途中でうまくいかず、時間がかかりました。アパートを購入するまでの経緯を話しながら、ラウラは言いました。「アパートを購入する話とかは、話さないほうがいい。こういうことは決まるまで周囲に言わないほうがいいの。今回のアパートのことだって、探しているときや、契約のとき、銀行でローンを組むとき、それぞれの場面でうまく進まないことがあった。それはいつも私が誰かに話した後だった。「いいアパートを見つけた」って誰かに話したら、そのアパートにすぐ買い手がついてしまったり、契約が決まりそうになっても、誰かに話した途端に書類が不備で戻ってきたり。最後なんて、（ローンを組むための許可が銀行からおりる日に）銀行がストになってしまったわ。そのときはもうおかしくて笑ってしまったけど。人は嫉妬深いから。決まっていないうちに言ってしまうと周りの人の嫉妬によって上手くいかなくなる。そういう嫉妬の力はとても強いものだわ」。

「人に話すと、物事が上手くいかなくなる」という話は中間層・富裕層への聞き取りでよく耳にしました。大学で講師をしているパウロも、「計画を他言しないこと」は家族の決まりごとだといいます。この決まりは、他人に話をした後に何度もうまくいかなかったという経験に裏付けられた家訓だそうです。

邪視が何によって起こるか、という点でも富裕地区の邪視認識は貧困地区とは違っていました。目や視線ではなく、「ネガティブな雰囲気」「負の気分」「負のエネルギー」「嫉妬の力」という言葉が使われます。そして攻撃される対象は、貧困地域が所有物や子どもといった物理的な物であったのに対して、富裕地域では計画や行為でした。家を買う計画や、職場での昇進、留学生試験などの受験、海外旅行などです。さらに富裕地区の邪視認識に特徴的なのは、邪視信仰自体は民間信仰として否定され（「邪視なんてないよ、迷信だよ」）、その上で、過去の出来事を振り返えるときに使われる点です（「でも人に悪いエネルギーを向けられることはあるよね」）。被害を語る本人のみの視点であり、周囲の人びととの共通認識はありません。入試での不合格や計画の頓挫など、過去の出来事を語るとき事後的に、失敗要因として邪視が用いられています。

貧困地域と富裕地域の邪視の違いは、災難をもたらした相手が特定されているか否か、その場に居合わせた人びとに出来事が共有されているか否かにあります。貧困地域では、邪視によってもたらされる日常の出来事が相手と共有されていて、邪視の出来事は個人の解釈ではなく、第三者にも認められた「事実」です。それに対して富裕地域では、相手や第三者との「事実」の共有がなされていません。邪視による被害はあくまでも個人によって考えられる災因論なのです。

そして興味深いのは、ここで生じるパラドックスです。邪視の存在が認められている貧困地域では邪視によって受ける被害は軽いのに対して、邪視を迷信として一度は否定する富裕地域では邪視は大きな被害を与えています。このように、民間信仰1つとっても、社会階層により内実が異なっていることがわかります。

6 より公正な社会を目指すために

経済学者アマルティア・センは、ＧＤＰなどの経済指標ではなく、貧困がどれだけ改善できたかで社会の進歩を図るべきだと述べました。社会の未来を理解するには、貧困層の生活が改善される見通しを知らなくてはならないといいます（Sen 2000）。

「人びとがさらに富む社会」ではなく「誰も貧しさに苦しまない社会」を目指すことが求められるのかもしれません。これは一見消極的な目標です。しかし、誰も過度に権力を行使せず、誰もそれによって不利益を受けない社会が、実は誰にとっても生きやすい社会となるという説明は、説得力があります。著しい格差がない社会とは、一人ひとりの日常に尊厳が保たれた社会です。

一人ひとりの尊厳を保つことでしか、人種差別はなくせないと人類学者ルース・ベネディクトは述べています（ベネディクト 2020）。ベネディクトが１９４２年に書いた『レイシズム』（人種主義）は、人種間の対立や差別問題を抱えるアメリカ合衆国で今も読み継がれています。人種差別とは自分が「最優秀民族の一員であると主張する大言壮語《たいげんそうご》」です。「科学的にこの人種はあの人種より優秀である」という類の主張は古くからありますが、ベネディクトはそれがナショナリズムと結びつき「国家規模になると、レイシズムは科学的客観性を装うことさえしなくなる」といいます。根拠のない「我われは素晴らしい」という声が出て、それが政治的に利用されて国民の間に広がり、やがて「我われは素晴らしい」の大合唱になると、外部に対する目は否応なしに差別的になります。特に、経済不況が続き社会が不安定化すると、排斥感情が高まります。レイシズムは人種や民族を根拠とした他者との差異化とそれによる他者への攻撃ですので、他者を排斥しようとするナショナリズムが高まると、レイシズムも強まっていきます。

他者を排斥することで社会が良くなることはありません。『レイシズム』を翻訳した阿部が述べているように、差別を原動力にしようとした社会は自壊していきます。「我われ」というカテゴリーを作り、他者を排除することでうまくいった社会はないのです。

社会階層を背景にした他者への批判も同様です。貧困層に対して貧困の責任を全面的に押し付けることや、富裕層に対してのみ格差構造の責任を押し付けることで、問題が改善につながることはありません。格差の改善が遠のくばかりか、新たな無用な対立が生じていきます。

私たちに求められているのは、社会の特定の人びとを攻撃して排斥しようとする動きが出てきたとき、誰が対立を煽ろうとしているのか、何が目的なのかを考えることです。特定の人びとを「我われ」の枠内から除外しようという動きの背景を突き止めていくのです。人種や貧困、信仰の違いを理由とした差別をなくすためには、社会の不公正を解決する手立てを考えていくのが近道だとベネディクトはいいます。公正な社会を目指すのは、それが倫理的に正しいからというよりも、そのような社会こそ持続可能だからです。社会をなるべく公正にしておくことで、社会の危機（経済危機や感染症流行）からの回復が早くなります。

公正な社会とは

ブラジルの歯医者の例のように、歯ブラシの存在を知らず虫歯を発症して麻酔なしで歯を抜く人がいる一方で、子どもの頃から定期的に歯科検診を受けている人がいる社会には、個人の責任にすべてを負わせることが不可能なほどの著しい格差があります。このような格差社会では、一人ひとりが能力を発揮することもできませんし、個人の努力だけで貧しさを解消できません。政策や構造の見直しから始めなければなりません。経済成長が一部の人のみに利益をもたらし格差を広げていくことがないよう、目を配る必要もあります。経済格差が大きすぎると、権力の不平等が生じやすくなります。そうした社会では、成員間に抑圧的な関係が生じます。

完全に平等な社会を想像することは難しいですし、賃金面で完全に平等な社会はむしろ望ましくはないでしょう。仕事の内容によって負っている責任は異なりますし、同じ仕事をしていても多くの成果を出す人もいます。それでも報酬が同じであれば、不平等だと不満が出ます。社会の成員間のすべての格差が、必ずしも悪だというわけではありません。格差社会そのものが問題というよりは、「社会の成員の誰かが抑圧されていて、他の成員が持っている権利を行使できない格差社会」が問題なのです。

「格差はあるものの貧困に悩まされている人はいない社会」つまり、「誰も苦しまない程度の、格差社会」が望ましい社会です。そのために考えるべきは、どの程度の格差が許容可能か、社会として持続可能かという点です。

何か1つを変えることで劇的に社会が改善されるということは、まず起こりそうにありません。貧困者も非貧困者も格差社会と貧困問題の「当事者」としての自分を理解し、少しでもプラスに働くような行動とはどのようなものかを考えていく必要があります。格差の解消について、スコットランド貧困地区出身のマクガーヴェイの言葉は印象的です。彼は、政策に過度な期待を寄せることや、あっという間に格差の問題を解決するような特効薬を待ち望むことの不毛さを述べたうえで、「ぼくらはもっと自分たちの力を発揮すべきだ。それが簡単だからでもフェアだからでもなくて、ほかに選択肢がないからだ」と言います（マクガーヴェイ　2019）。貧困問題のなかから自分たちで制御可能な側面を探し出し、そこに少しでもプラスの影響を与えられるよう動くことを提案しています。

２０２０年、イギリスのジョンソン首相の「社会は存在する」という言葉が注目されました。新型コロナウイルス感染症に感染したときに述べた言葉です。「確かに社会というものは存在する（There really is such a thing as society.）」と彼は言いました。「社会は存在する」とわざわざ主張することを不思議に思うかもしれません。これはサッチャー元首相の「社会は存在しない」という言葉を念頭に置いています。これは、頼りにすべき／されるべきは自分の家族のみであるという市場原理に基づいた主張です。社会の公助に頼らずに、自己責任で生きていきなさい、というサッチャー元首相のメッセージでした。ジョンソン首相も「よい家柄」出身の富裕層で、サッチャー元首相の考えに近かった人です。その首相が、イギリスが新規の感染症に見舞われ、社会全体の連帯が必要になったと感じたときに述べたのが「社会は存在する」でした。

遠く離れた他者や、同じ社会の他者の不利な状況になんとか対処しようとすることを連帯と呼びます。連帯とは、他者を苦しめている問題を「誰にでも起こりうること」として、解決の責任を共同で担おうとする姿勢です。私たちは自分が属している社会全体が見えているわけではありません。一個人の知りうる範囲は実はとても狭いものです。大卒の人が日本の大学進学率を知ると、予想より低いと驚きます。その人の周囲では大卒が大半を占めるためです。過激な発言をする候補者が当選したとき、その候補者を批判していた人は驚きます。自分の周囲には誰もその候補者に投票した人がいないのに、と。自分の周囲にいるのは、自分と似た境遇や考えの人びとなのです。ブラジルの富裕層には、貧困層の生活する姿はなかなか見えません。貧困層は家政婦として働くため、富裕層の地域に行くことがありますが、富裕層が貧困層の地域に足を運ぶことはまずありません。

私たちは誰一人、その社会を構成する多様な人びとと「まんべんなく」付き合っているわけではありません。他者の境遇は自分からは見えにくいのです。連帯の第1歩は、自分には社会のほんの一部しか見えていないことを自覚することです。そして連帯は、把握しにくい他者を、自分が生きる社会の別の側面を、想像することによって可能となります。他者の苦境を他者に特有なものとせず、社会全体のリスクとして理解することです。自分とはかけ離れた行動をする人や境遇にある人を批判する前に、その人の背景を想像すること、理解しようと努めようとすることが求められています。

非貧困層が貧困層に対して個人的に支援するには、いくつもの障壁があります。普段の生活で接点のない人びととは、コミュニケーションがとりにくいものです。しかし、だからといって、同じ社会のメンバーとして支援ができないというわけではありません。ブラジルでは、寄付や募金の文化が根付いています。たとえば、スーパーマーケットに寄付専用箱が用意されており、多めに購入した食材をそのまま寄付することができます。TVでは政府によるCMが放送され、一般からの寄付を広く募っています。また最近では、手軽に寄付が可能なアプリケーションなども開発されています。日本でも、大震災やコロナ禍を契機に、インターネットでのクラウドファンディングを通じた支援が活発になりました。大震災や感染症の蔓延による社会の停滞は、普段は気づきにくい他者の困窮を見えやすくしました。困窮している人がいることを想像し、その苦境を理解し、そして実際に支援という行動にまで移す人が増えています。寄付は「（社会的距離が）遠いままで支援する」方法です。社会的距離の遠い個人間の支援はなかなか難しいものですが、寄付によって連帯が可能となります。同じ社会の成員として慮《おもんぱか》り、ともに社会の一部として認めあう連帯の示し方です。相手の抱える苦難がはっきりとは見えなくとも、いま自分自身は苦難を抱えていなかったとしても、認知的共感やエンパシーを用いて、同じ社会のどこかに困難に陥る個人がいることを想像し理解に努めた結果といえます。

私たちが生きる社会を考える

本書では格差社会を考える手がかりとして、ブラジルを事例に話を進めてきました。そのために、格差社会としてのブラジルのネガティブな部分が強調されているように読めるかもしれません。しかし、本書で示したのは、格差社会を理解し、公正な社会へと思考をめぐらすために必要な土台としての知識です。ブラジルはあくまでも事例にすぎません。確かにブラジルには格差があり、歴史的に差別が起こりやすい構造があり、多くの貧困者が制限された権利の中で生きています。そしてその状況は日常に埋もれて黙認されています。しかしこれはブラジル社会に限ったことではないということは、ここまで読み進めた皆さんにはわかっていただけることでしょう。そして、ブラジルの抱える問題について読みながら、皆さん自身の生きる社会について、思いを巡らせたことでしょう。

世界各国の格差問題に有効な唯一の方法はありません。それぞれの背景や抱える問題はあまりにも異なっているからです。1つひとつの個別性に目を向けて、効果的な方法を探していく必要があります。まずは、あなたの目の前にある問題にはどういった歴史的経緯があるのか、社会の階層はなにによって作り上げられ、階層間の移動はどの程度可能なのか、苦難を抱える人はどのような人なのかなどを、1つひとつ明らかにしていきましょう。そうすることで、社会の一部の人びとが苦しみを抱え続けている状況を作り出しているものはなにか、格差が継続していく要因はなにかが見えてきます。

それぞれの社会で歴史的経緯や経済状況、政治システムなど背景が異なりますが、違いはあっても格差社会であるという点は同じです。経済的に裕福でない人は「身の丈に合った」行動を取れと述べたのは、日本のある文部科学大臣でした。公教育の平等性を守る役割を担うべき人が、家庭の経済状況による教育機会の不平等は致し方ないと述べたのです。「表向きには差別は忌み嫌われるとしても、実際には黙認される」というのは現代イギリス社会を描写した言葉です。似た言葉はほかにいくらでも世界各国の現状を描いた本のなかでみつかるでしょう。つまり、考えるべき格差社会や、貧困からくる苦難は、あなたの目の前にあるのです。

近年の日本で、気がかりな傾向があります。本書で触れたように、日本において親の年収と子どもの成績にははっきりと相関関係があります。学力は努力によって向上はするものの、経済的に豊かな家庭の子どもたちの平均を上回らない、という研究結果があります。このようにこれまでも、そして現在も、日本には教育格差が存在します。気がかりなのは、こういった教育格差（結果の格差と、機会の格差の両方）を、「やむを得ない」と容認する人の割合が増加しているということです（橘木2020）。先ほどの文部科学大臣の発言も同じです。今ある機会の不均衡を改善する政策を打ち出すべきところで、「不均衡は仕方ないよね」と認めてしまっています。

最も懸念すべきことは、格差社会そのものではありません。機会平等を追い求めず、教育格差を容認する社会へと変化していることです。私が教員として大学生と接しているこの10年あまりで、同様の変化を感じています。格差があることや、機会の平等が実現されていない現状について、「仕方ないのでは」とか「そういうものなんじゃないですか」といったコメントが増えてきました。

格差が存在すると認めることと、その格差を容認することは別です。「格差がある。だから改善していこう」というのと、「格差がある。それは仕方ない」というのでは、帰結としての未来社会は違うものになります。現在の格差を容認して放置し続けると、その先にどのような未来が待っているのでしょうか。社会の成員が格差を容認することによって生まれる未来の社会とはどのようなものなのでしょうか。いまの格差を放置すれば、未来の社会はおそらく、いまよりも著しい格差を抱えた社会となります。そんな未来の社会も容認できるのか、私たちは立ち止まって考える時期に来ています。

≫おすすめ本≪

【貧困・格差の概念を考えるための本】

『貧困の概念：理解と応答のために』ポール・スピッカー著、圷《あくつ》洋一訳、生活書院、2008

貧困をテーマに考えるときに必要な概念や用語がわかりやすく列挙されている本です。まずはこの本で論点を整理してから、具体的な社会の事例を考えていくことをお勧めします。

『貧困の倫理学』馬渕浩二著、平凡社新書、2015

援助や国際協力について深く考えたい人にお勧めしたい本です。「世界の飢餓を見過ごすことは罪悪なのか」という問いに対して「罪であり、我われは飢えに抗う義務がある」と説く論者たちの主張を、読みやすい文体で解説しています。つまり、主題は貧困者ではなく、非貧困者です。貧困に対して非貧困者はいかなる義務を負うかを考える本です。本書では一見、極端な考えも紹介されています。たとえば、「他者の苦境を知るだけで解決のために行動しないのであれば、加害者となる」という考えです。友人や家族と読んで「こういう場合はどうすべきか」など話し合うのに最適な本です。

『グローバリゼーションの倫理学』ピーター・シンガー著、山内友三郎、樫《かたぎ》則章訳、昭和堂、2005

シンガーは、非貧困者は自身の属する社会のみならず、地球規模で貧困の解決への義務を負うと論じています。『貧困の倫理学』でもシンガーが取り上げられているので、そちらを先に読んだ方がわかりやすいかもしれません。

『社会契約論：ホッブズ、ヒューム、ルソー、ロールズ』重田園江著、ちくま新書、2013

社会ってそもそも何？　こんなにたくさんの人がどうやってある種の調和のもとに社会を構成しているのか？　そう考える人にこの本をお勧めします。社会秩序を作り出す人間の本性を考える本です。難しそうなタイトルですが、読者を引き込む文体で、思想家たちの難解な議論を軽やかに進めていきます。ホッブズやルソーの「昔のお堅い文章」を引用しながら「またしても、何を言っているのか分からない」と述べつつ、著者の言葉でかみ砕いて解説していきます。本書を読了すると、重田のほかの著書も必ず読みたくなることでしょう。

『ブルシット・ジョブ：クソどうでもいい仕事の理論』デヴィッド・グレーバー著、酒井隆史、芳賀達彦、森田和樹訳、岩波書店、2020

アナキストであり人類学者であるデヴィッド・グレーバー。2011年のウォール街占拠運動の理論的指導者として、「我われは99％」We are the 99%. という有名なキャッチフレーズを残しました。グレーバーの前著『負債論』は分厚い専門書であるにもかかわらず、世界中でベストセラーとなりました。日本では、サッカーの本田圭佑選手がツイッターで紹介したことで話題になっています。『ブルシット・ジョブ』もまた、魅力的な言葉遣いで読者を新しい思考の先へと導いてくれます。序章では、挑発的な議論のアイディアをいつも１つ２つは持っていると書かれています。しかし、そのデヴィッド・グレーバーは２０２０年９月に59歳で死去し、世界を悲しませました。

【世界の格差を知るための本】

『新たなマイノリティの誕生：声を奪われた白人労働者たち』ジャスティン・ゲスト著、吉田徹、西山隆行、石神圭子、河村真実訳、弘文堂、2019

２０２０年のアメリカ大統領選挙で盛んに取り上げられたのが「アメリカ社会の分断」でした。この分断の意味合いは、わかるようでよくわからないものです。アメリカの貧困層といえば、都市部スラムの有色人種というイメージが日本にはありますが、それとは異なる側面を知ることができる１冊です。

『アマゾンの倉庫で絶望し、ウーバーの車で発狂した』ジェームズ・ブラッドワース著、濱野大道訳、光文社、2019

ジャーナリスト自身が低賃金で働いてみるという手法は、本文中で紹介した『ニッケル・アンド・ダイムド』（2006）や『ハードワーク』（2005）と同様です。イギリス社会における「21世紀の労働者階級」の実態を、アマゾンの商品発送のための倉庫勤務やウーバーの運転手、コールセンターでの実体験から描写しています。ギグ・エコノミー（会社と従事者が直接雇用関係にならく、従事者がインターネットのアプリなどを通じて単発の仕事を請け負うこと）の表向きの魅力と、従事者から自由や時間を奪いとる仕組みがよくわかります。

『子どもたちの階級闘争：ブロークン・ブリテンの無料託児所から』ブレイディみかこ著、みすず書房、2017

ベストセラーとなった『ぼくはイエローでホワイトで、ちょっとブルー』の著者による本です。保育現場を切り口に、現代イギリスの階級や格差を描き出しています。

【ブラジルの格差を知るための本】

『貧困と連帯の人類学』奥田若菜著、春風社、2017

僭越ながら、私の書いた本です。ブラジルの路上商人たちとともに暮らし、長期のフィールドワークを経て書かれた民族誌で、「貧困者」を自認する人の生活を彼らの言葉とともに描きました。本書のコラムで書いた「贈与の障壁」についても詳述しています。貧困地域に興味があるもののブラジリアという土地柄に興味がない方は、第一章を飛ばして読んでも構いません。

『ジカ熱』デボラ・ジニス著、奥田若菜、田口陽子訳、水声社、2019

リオ・オリンピック前後にブラジルで広がった感染症を題材に、ブラジル人人類学者がブラジル国内の不平等を描いた本です。公衆衛生が不平等なブラジルでは、貧困者などの社会的弱者が患者の中心でした。また、医学界においても新規感染症の発見の過程で、貧しい北東部の医師よりも、資金豊富な南部南東部の医師たちの言葉が信頼されるという権力の不均衡が露呈しました。ジカ熱に感染した妊婦たちや母親たちの生の言葉が胸に刺さります。

『ヴィータ：遺棄された者たちの生』ジョアオ・ビール著、トルベン・エスケロゥ写真、桑島薫、水野友美子訳、みすず書房、2019

家族から「不要」とされた人びとが集う施設にいる、一人の女性カタリナ。彼女の人生を調べながら、医療制度、貧困層のジェンダー規範、市民権の適用範囲などを論じて、ブラジルの格差の実態を明らかにする民族誌です。著者ビールがカタリナの親族知人を訪ね歩き、なぜカタリナは「気が狂った」のか、そして施設に遺棄されたのかという謎を探っていきます。推理小説かと思えるほど、読んでいてスリリングな民族誌です。

【ブラジル社会を知るための本】

『憑依と語り：アフロアマゾニアン宗教の憑依文化』古谷嘉章著、九州大学出版会、2003

文化人類学者によるアフロ・ブラジリアン宗教カンドンブレの本です。冒頭に写真があり、カンドンブレの儀礼の様子がよくわかります。調査中の憑依霊との会話を想像するとわくわくしますし、魅力的でディープなカンドンブレの世界が、日本語で読めるとはラッキーとしか言いようがありません。同じ筆者の『異種混淆の近代と人類学』もお勧めです。

『水の国の歌』木村秀雄著、東京大学出版会、1997

『響き合う神話：現代アマゾニアの物語世界』木村秀雄著、世界思想社、1996

この2冊は、南米アマゾニアに住むエセエハやカシナワの先住民社会を描いた本です。この地域の先住民に関する日本語で書かれた良質な本はそれほど多くはないので、とても貴重です。

『ブラジル黒人運動とアフリカ：ブラック・ディアスポラが父祖の地に向けてきたまなざし』矢澤達宏著、慶応義塾大学出版会、2019

本書を読むと、ブラジルにおいて、奴隷解放後に黒人運動がどのように展開されてきたかなどがよく理解できます。現代ブラジル社会の人種問題の理解のための必読書です。

【不平等・格差・貧困を理解するための統計・情報サイト】

世界不平等データベース（World Inequality Database）

不平等に関するデータベースです。各国のデータや分析結果が無料でダウンロード可能です。『21世紀の資本論』の著者であるフランスの経済学者トマ・ピケティも参加している研究グループです。『21世紀の資本論』は６００ページもの分厚い本であるにもかかわらず、世界的なベストセラーとなりました。とはいえ経済学の専門書であるため、読了できずに挫折した人も続出した、かもしれません。

参考文献

アレント、ハンナ（志水速雄訳）『人間の条件』ちくま学芸文庫、1994
石田浩「世代間移動の生存分析アプローチ」、『世代間移動と世代内移動（２００５年ＳＳＭ調査シリーズ３）』、科学研究費補助金特別推進研究（16001001）「現代日本階層システムの構造と変動に関する総合的研究）成果報告書、2005
ウィルソン、ウィリアム・J（川島正樹、竹本友子訳）『アメリカ大都市の貧困と差別：仕事がなくなるとき』明石書店、1999
エーレンライク、バーバラ（曽田和子訳）『ニッケル・アンド・ダイムド：アメリカ下流社会の現実』東洋経済新報社、2006
奥田若菜『貧困と連帯の人類学：ブラジルの路上市場における一方的贈与』春風社、2017
重田園江『社会契約論：ホッブズ・ヒューム、ルソー、ロールズ』ちくま新書、2013
グレーバー、デヴィッド（酒井隆史、芳賀竜彦、森田和樹訳）『ブルシット・ジョブ：クソどうでもいい仕事の理論』岩波書店、2020
ゲスト、ジャスティン（吉田徹、西山隆行、石神圭子、川村真美訳）『新たなマイノリティの誕生：声を奪われた白人労働者たち』弘文堂、2019
サヴィジ、マイク（舩山むつみ訳）『7つの階級：英国階級調査報告』東洋経済新報社、2019
佐藤俊樹『不平等社会日本：さよなら総中流』中央公論新社、2000
ジニス、デボラ（奥田若菜、田口陽子訳）『ジカ熱：ブラジル北東部の女性と医師の物語』水声社、2019

ジョーンズ、オーウェン（依田卓巳訳）『チャヴ：弱者を敵視する社会』海と月社、2017
シンガー、ピーター（樫則章訳）『グローバリゼーションの倫理学』昭和堂、2005
スピッカー、ポール（圷洋一監訳）『貧困の概念』生活書院、2008
橘木俊詔『教育格差の経済学：何が子どもの将来を決めるのか』NHK出版、2020
テルズ、エドワード・E（富野幹雄、伊藤秋仁訳）『ブラジルの人種的不平等：多人種国家における偏見と差別の構造』明石書店、2011
トインビー、ポリー（椋田直子訳）『ハードワーク：低賃金で働くということ』東洋経済新報社、2005
トロント、ジョアン・C、岡野八代（岡野八代訳）『ケアするのは誰か？：新しい民主主義のかたちへ』白澤社、2020
ビール、ジョアオ（桑島薫、水野友美子訳）『ヴィータ：遺棄された者たちの生』みすず書房、2019
ファーマー、ポール（豊田英子訳）『権力の病理 誰が行使し誰が苦しむのか：医療・人権・貧困』みすず書房、2012
ブルーム、ポール（高橋洋訳）『反共感論：社会はいかに判断を誤るか』白揚社、2018
古谷嘉章『異種混淆の近代と人類学：ラテンアメリカのコンタクトゾーンから』人文書院、2001
フレイレ、ジルベルト（鈴木茂訳）『大邸宅と奴隷小屋（上下巻）』日本経済評論社、2005
ブレイディみかこ『ぼくはイエローでホワイトで、ちょっとブルー』新潮社、2019
ブレイディみかこ『ワイルドサイドをほっつき歩け』筑摩書房、2020
ベネディクト、ルース（阿部大樹訳）『レイシズム』講談社、2020
マクガーヴェイ、ダレン（山田文訳）『ポバティー・サファリ：イギリス最下層の怒り』集英社、2019
馬渕浩二『貧困の倫理学』平凡社新書、2015
耳塚寛明、中西啓喜「家庭の社会経済的背景による不利の克服」、『平成25年度 全国学力・学習状況調査（きめ細かい調査）の結果を活用した学力に影響を与える要因分析に関する調査研究』お茶の水女子大学、

2014
矢澤達宏『ブラジル黒人運動とアフリカ：ブラック・ディアスポラが父祖の地に向けてきたまなざし』慶応義塾大学出版会、2019
ヤング、アイリス・マリオン（岡野八代、池田直子訳）『正義への責任』岩波書店、2014
ヤング、ジョック（青木秀男、伊藤泰郎、岸政彦、村澤真保呂訳）『排除型社会』洛北出版、2007
湯浅誠『反貧困：「すべり台社会」からの脱出』岩波新書、2008
吉田崇「世代間所得移動からみた機会の不平等」、石田浩ほか編『現代の階層社会2：階層と移動の構造』東京大学出版会、2011
レヴィ＝ストロース（室淳介訳）『悲しき南回帰線』（下）、講談社、1985
レッサー、ジェフリー（鈴木茂、佐々木剛二訳）『ブラジルのアジア・中東系移民と国民性の構築：「ブラジル人らしさ」をめぐる葛藤と摸索』明石書店、2016

Barbeito-Andrés, J., Congenital Zika syndrome is associated with maternal protein malnutrition, *Science Advances*, Jan. 2020, v. 6, Issue 2
Barbosa, Rogério Jerônimo, Estagnação desigual: Desemprego, desalento, informalidade e a distribuição da renda do trabalho no período recente (2012–2019), *Mercado de Trabalho*, 67, out. 2019, pp. 59–70
Bohn, Simone R., Evangélicos no Brasil: Perfil socioeconômico, afinidades ideológicas e determinantes do comportamento eleitoral *Opinião Pública*, Campinas, Vol. X, n. 2, outubro, 2004, pp. 288–338
Cardoso, B. Baptista. et al, Aborto no Brasil: o que dizem os dados oficiais? *Cad. Saúde Pública*, 2020
Costa, Márcia da Silva, Trabalho Informal: um problema estrutural básico no entendimento das desigualdades na sociedade brasileira, *Caderno CRH*, Salvador, v.23, n. 58, p. 171–190, 2010
Chancel, Lucas, Ten facts about inequality in advanced economies, *WID.world WORKING PAPER*

2019/15, 2019
Datafolha, Cai taxa de brasileiros contra o aborto, 2018, https://datafolha.folha.uol.com.br/opiniaopublica/2018/01/1948800-cai-taxa-de-brasileiros-contra-o-aborto.shtml
Diniz, Debora, Marcelo Medeiros, Alberto Madeiro Pesquisa Nacional de Aborto 2016, *Ciência & Saúde Coletiva*, 22 (2), 2017, pp.653-660
El país, Como o lobby contra o aborto avança no Brasil, 07.05.2019
Ionova, Ana, Pandemia e novas regras dificultam acesso ao aborto legal no Brasil, BBC News Brasil, 22.11.2020
Kubrusly, Lucia Silva, A população ocupada e a renda no Brasil: encontros e desencontros, *Economia e Sociedade*, Campinas, SP, v. 20, n. 3, pp. 567-600, 2011.
Medeiros, Marcelo, Distribuição da riqueza no Brasil: Limitações a uma estimativa precisa a partir dos dados tabulados do IRPF disponíveis, ipea, 2015, https://ssrn.com/abstract=2641192
Meneguin, Fernando B., Maurício S. Burgarin, A informalidade no mercado de trabalho e o impacto das instituições: Uma análise sob a ótica da teoria dos jogos, *ECON. APLIC.*, São Paulo, v.12, n. 3, 9, pp. 341-363, 2008
Moreno, Ana Carolina, Negros representam apenas 16% dos professores universitários, G1, 20.11.2018
Neri, Marcelo, *A nova classe média: O lado brilhante da base da pirâmide*, Editora Saraiva, 2011
OXFAM Brasil, *Nós e As Desigualdades*, 2017, https://www.oxfam.org.br/
Pinheiro-Machado, Rosana, A desigualdade no Brasil é medida pelos dentes: Ricos vão ao dentista, e pobres sentem dor, *The Intercept Brasil*,_14 de maio de 2019
Salata, André Ricardo, Quem é Classe Média no Brasil? Um estudo sobre Identidades de Classe, *Revista de Ciências Sociais*, Rio de Janeiro, Vol. 58, no.1, 2015, pp.111-149

Sen, Amartya, Will There Be Any Hope For The Poor?, *TIME*, May 22, 2000
UNDP, Inequalities in Human Development in the 21st Century: Brazil, *Human Development Report 2019*, 2019
World Without Poverty, *A Pesquisa Nacional sobre a População em Situação de Rua*, Série WWP Relatos de Uso de M&A, 2016

》》統計データ《《

【ブラジル地理統計院】

IBGE, Atlas de Saneamento 2011, https://biblioteca.ibge.gov.br/biblioteca-catalogo?view=detalhes&id=253096
IBGE, Pesquisa Nacional de Saúde 2013: Acesso e utilização dos serviços de saúde, acidentes e violências, https://biblioteca.ibge.gov.br/visualizacao/livros/liv94074.pdf
IBGE, Indicadores de educação avançam, mas desigualdade regionais e raciais persistem, 19, 06, 2019
IBGE, Diferença cai em sete anos, mas mulheres ainda ganham 20,5% menos que homens, *Estatísticas Sociais*, 03.08.2019
IBGE, Trabalho, renda e moradia: desigualdades entre brancos e pretos ou pardos persistem no país, 12.12.2020

【ブラジル応用経済研究所】
ipea (Instituto de Pesquisa Econômica Aplicada), Carta de Conjuntura 48, terceiro trimestre de 2020
【世界不平等データベース】
WID. World (World Inequality Database), World Inequality Report 2018, https://wir2018.wid.world/

【付記】

本書のブラジルに関する記述は、筆者が２００３年以降に実施した調査研究の成果に基づいている。ブラジルで現地調査を実施するにあたり、複数の研究助成を受けた。日本学術振興会特別研究員奨励費「ブラジリア連邦区形成の歴史と現状にみる社会階層の分断と人種民主主義」（２００４年から２００６年度）、大阪大学グローバルＣＯＥプログラム「コンフリクトの人文学」大学院生調査研究助成「外部からもたらされたコンフリクト・内部で生じるコンフリクト」（２００８年度）、神田外語大学研究助成「ブラジリア連邦区：器としての都市計画の再考」（２０１１年度）、科学研究費基盤研究Ｃ（研究代表者：石丸香苗）「貧困層による人口移動と食糧確保問題：ブラジルの都市・都市近郊農村の非公式市場流通」（２０１６年から２０１９年度）。

本書の草稿に目を通してくださった石丸香苗先生（福井県立大学）には、いくつもの貴重なご指摘をいただいた。神田外語大学出版局の米山順一さんは、原稿を丁寧に校閲してくださった。ここに改めて御礼申し上げたい。

【著者略歴】

奥田若菜（おくだわかな）

神田外語大学外国語学部准教授。博士（人間科学）。専門は文化人類学。著書に『貧困と連帯の人類学：ブラジルの路上市場における一方的贈与』（春風社、2017）、共訳書に『ジカ熱：ブラジル北東部の女性と医師の物語』（水声社、2019）がある。

格差社会考《かくさしゃかいこう》
――ブラジルの貧困問題《ひんこんもんだい》から考《かんが》える公正《こうせい》な社会《しゃかい》

NDC 0030 / x, 179 / 19cm

2021年4月10日　初版第1刷発行

［著　者］　奥田《おくだ》 若菜《わかな》
［発行者］　佐野 元泰
［発行所］　神田外語大学出版局
〒261-0014 千葉県千葉市美浜区若葉1-4-1
TEL 043-273-1481
http://www.kandagaigo.ac.jp/kuis/press/
［発売元］　株式会社ぺりかん社
〒113-0033 東京都文京区本郷1-28-36
TEL 03-3814-8515
http://www.perikansha.co.jp
［印刷・製本］　藤原印刷株式会社

ISBN978-4-8315-3014-1　Printed in Japan